Les 7 péchés de la diététique moderne

Laurent CHENOT

Les 7 péchés de la diététique moderne

EDITIONS LANORE
François-Xavier SORLOT, éditeur
6, rue de Vaugirard | 75006 Paris

ISBN 9782382730973
fernand-lanore.com
contact@editionslanore.com

Avant-propos

«Que vous mangiez équilibré ou non n'a aucun impact à long terme sur votre santé!»

Mais qui diable affirme une telle hérésie!

Qui ose remettre en question et s'opposer frontalement aux recommandations nutritionnelles de santé publique actuelles?

Point de blasphème, aucun médecin, nutritionniste ou autre professionnel de santé ne saurait discuter les principes diététiques occidentaux sous peine d'être au mieux étiqueté complotiste (c'est assez tendance dirait-on) ou au pire de risquer l'excommunication pure et simple.

La diététique comme la médecine, c'est de la Science et vous l'avez compris aujourd'hui, la Science, c'est la nouvelle religion de ce siècle.

Comme toute religion dans notre histoire, le scientisme a ses dogmes, ses gourous et ses adeptes.

Donc, tout ce qui porte l'étiquette scientifique ne souffre d'aucune contradiction : «*Science is clear*», selon la formule consacrée par le très charismatique ex-président des USA, Barack Obama.

Êtes-vous vraiment certains que toutes les informations que vous entendez concernant l'alimentation sont si scientifiquement validées ?

Une chose est certaine, les recommandations diététiques comme tant d'autres sont des normes médicales et sociales. À ce titre, elles sont donc décidées par des humains, en l'état de l'art au moment où elles sont publiées.

Elles ne portent nullement un caractère universel, mais plutôt consensuel, et sont propres à chaque culture, à chaque pays et à chaque époque.

Prenons l'exemple de la trépanation. Cette procédure médicale consistait à percer un trou dans le crâne du patient pour le libérer de ses tourments ou soulager la pression intracrânienne.

Les médecins pensaient que cette technique pouvait guérir divers maux, notamment les céphalées chroniques, les troubles mentaux ou encore l'épilepsie.

Considérant la technologie de l'époque pour réaliser le forage dans la boîte crânienne ainsi que les anesthésiants et les antalgiques disponibles, je vous laisse imaginer la souffrance infligée au patient par la procédure !

Aucun médecin, sain de corps et d'esprit, ne préconiserait aujourd'hui une telle intervention considérée comme particulièrement dangereuse, car entraînant couramment de graves complications neurologiques irréversibles.

Pourtant, à l'époque, il semble bien que celle-ci ait fait consensus au sein du corps médical dans son ensemble.

Toutes les normes et recommandations diététiques sont directement liées au développement de nos connaissances médicales, et évoluent avec elles.

Bien plus rapidement que notre système digestif d'ailleurs, lequel se trouve bien en peine de suivre cette frénésie académique et manifeste toutes sortes de pathologies et de syndromes d'adaptation : dysbioses intestinales, intolérances, résistance à l'insuline, inflammations chroniques, etc.

Hippocrate, qui pensait que l'aliment devait être notre premier et unique médicament, préconisait une alimentation spécifique à chacun des quatre tempéraments humains : lymphatique, mélancolique, sanguin et colérique. Chaque aliment était classé selon sa nature chaude, froide, sèche ou humide en fonction de son effet sur le corps après ingestion.

Des principes qui ne sont pas sans rappeler curieusement ceux de la médecine traditionnelle chinoise !

Avec l'avènement de la micro-biologie et de la chimie, les scientifiques occidentaux ont modifié la compréhension du processus digestif ainsi que la classification des aliments.

Ces derniers sont désormais composés uniquement de briques de matière : protéines, lipides, glucides, vitamines, minéraux, oligo-éléments, directement assimilables indépendamment du tempérament et du terrain de la personne.

Les chercheurs modernes se sont rapidement débarrassés de la notion de nature propre de chaque aliment, reléguant ainsi au rang de folklore des siècles de connaissances médicales pourtant partagées aussi bien en Extrême-Orient qu'en Occident !

Aujourd'hui, ce sont ces éléments chimiques, ces familles de molécules, qui déterminent le pouvoir énergétique de chaque aliment sur le métabolisme humain.

Les lipides et les sucres par exemple sont considérés comme les plus caloriques.

La primauté de la matière sur l'énergie, ou primauté de la particule sur l'onde en langage de physicien est un concept si profondément ancré dans l'esprit occidental, que les théories de la physique dite quantique, certaines pourtant dûment validées par l'expérimentation, passent pour être encore de la sorcellerie.

En fait, je vais vous montrer dans ce livre que cette vision simpliste du vivant est somme toute bien peu corrélée avec la réalité médicale du terrain !

Mais comment puis-je affirmer une telle chose ?

Mais qui est l'hérétique qui se cache derrière un tel ouvrage ?

En fait, soyez sûr que je ne me cache pas derrière un nom de plume.

Et j'en profite ici pour vous certifier que je n'ai de conflit d'intérêts avec aucun laboratoire ou aucune organisation étatique ou privée en lien avec la santé ou la nutrition.

Je suis praticien de médecine traditionnelle chinoise dans l'est de la France, thérapeute, formateur et auteur.

Je suis installé en cabinet depuis 2011 et je reçois régulièrement des patients, français, mais également suisses, qui me consultent pour des problèmes liés directement ou indirectement à l'alimentation.

Après des années de pratique clinique, j'ai fait un constat, assez surprenant de prime à bord, qui peut se résumer ainsi : *À quelques rares exceptions près, tous les patients qui m'ont consulté pour des problèmes digestifs (brûlures d'estomac, douleurs abdominales, ballonnements, mauvais transit intestinal, surpoids, etc.) sont des personnes qui mangent plutôt bien !*

Je m'explique, ce sont des personnes qui connaissent les règles élémentaires de la diététique, et mangent des légumes, des fruits, des céréales, etc.

Elles cuisinent tous les jours et évitent au maximum les préparations industrialisées. Bien souvent, ce sont des personnes que je croise au magasin bio de ma ville lorsque je vais faire mes courses. Et certaines font même du jardinage et produisent une partie des aliments qu'elles consomment ! Toutes ces personnes mangent sainement de prime abord.

J'ai donc voulu élucider cet apparent paradoxe.

J'ai souhaité savoir si ceci est spécifique à mes patients ou si c'est une généralité valable dans l'ensemble du monde occidental.

J'ai consulté différentes études statistiques, lu de nombreuses parutions dans des revues médicales et interrogé d'autres professionnels de santé, diététiciens(nes), médecins généralistes, naturopathes. Il semble que nous fassions tous, plus ou moins, ce même surprenant constat.

Et ce paradoxe s'illustre fort bien dans l'infographie de la page suivante

Sur ce graphique[1], vous pouvez constater une augmentation significative du nombre de personnes obèses ou extrêmement obèses, et ce particulièrement depuis les années 1980.

---

1 - Obesity in America 2018 - Javier Zarracina /Vox

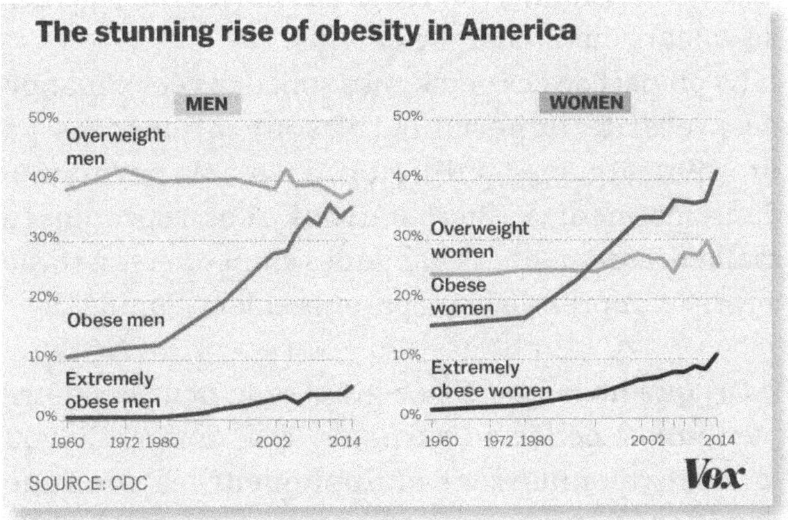

« Rien de surprenant à cela Laurent, il y a une explosion de la malbouffe et des produits ultra-transformés aux USA et en Europe ! » me diriez-vous.

Et vous auriez tout à fait raison à ce sujet.

Mais c'est plutôt sur la troisième courbe que je souhaite attirer votre attention, sur celle des personnes en surpoids. Car ce sont elles qui se présentent dans nos cabinets.

Les personnes obèses ou dans des situations d'obésité dite morbide qui s'adonnent à la « *junk-food* » consultent rarement les naturopathes ou les praticiens de médecine traditionnelle chinoise comme moi !

Notez bien que ceci est un simple constat partagé entre professionnels, ce n'est en aucun cas un jugement de valeurs ou de comportements.

La plupart de ces personnes sont dans des situations de précarité importante, et sont influencées par un matraquage publicitaire quasi permanent dans les médias. Bien souvent elles reproduisent malheureusement des habitudes alimentaires néfastes apprises auprès de leurs parents et leur famille.

Or, que nous montre ce graphique pour ces autres personnes, celles en surpoids, qui, comme je vous le disais, connaissent et appliquent les consignes diététiques et pourtant ne parviennent pas à régler leurs problèmes ?

Et bien, il ne montre RIEN !

Ou plutôt si, il ne montre aucune réduction du pourcentage des personnes touchées par le surpoids depuis les années 60, malgré leurs efforts constants pour s'informer et « bien manger ».

Et c'est bien ça qui me semble tout à fait paradoxal !

Si manger n'importe quoi, n'importe comment, nous expose très certainement à des problèmes métaboliques, voire à certaines pathologies, *a contrario*, le seul fait de manger des aliments dits sains ne semble pas garantir une excellente santé !

Mais alors qu'est-ce qui fait que l'on garde la ligne ?

Qu'est-ce qu'un aliment sain ?

Qu'est-ce qui définit les critères de salubrité des aliments et des régimes actuels ?

Mais surtout, est-ce que ces critères et toutes ces recommandations de santé publique ont réellement un impact positif sur notre santé ?

À en juger ce graphique, à priori aucun !

À la lumière de ce que nous venons de voir, difficile d'affirmer que toutes les politiques de santé et les plans de prévention diététique, principalement mis en place depuis les années 60 dans les pays riches, soient un franc succès, n'est-ce pas ?

Je n'ai pas la prétention de connaître l'ensemble des liens de causalités ni d'apporter une réponse à tous ces problèmes particulièrement vastes et complexes.

Je constate simplement que :

* nous ne sommes collectivement absolument pas en bonne santé en occident !
* les troubles alimentaires, obésité, diabète, cholestérol, sont des facteurs directement corrélés avec des taux de mortalité élevés et précoces !
* loin de régresser, malgré toutes les politiques sanitaires depuis soixante ans, ces pathologies continuent d'augmenter année après année, sans aucune baisse en vue !

* les recommandations diététiques occidentales (kilocalories, repas équilibrés, bonnes et mauvaises graisses, etc.) ne semblent pas avoir d'impact significatif sur ces pathologies.

Alors, je me suis posé la question suivante :

« *Ou toutes ces recommandations sont inefficaces... ou absolument personne ne les suit ?* »

J'ai mon avis sur la question, mais vous, qu'en pensez-vous ?

Soyez sûr que je ne viens pas faire ici le procès de la « vilaine industrie agroalimentaire » ou des autorités de santé publique.

En bon taoïste, j'applique la philosophie Wu Wei, la stratégie du non-agir, c'est-à-dire que je ne m'oppose à rien avec force.

Tout du moins, je m'y emploie du mieux que je peux !

Néanmoins, ma responsabilité en tant que thérapeute est que vous puissiez comprendre, expérimenter et choisir, en toute sécurité, ce qui est bon pour votre propre santé, en toute connaissance de cause, et non sur la base de « on dit », répétés à l'envi par des médias affiliés ou complaisants (le premier conduisant souvent au second) et certains professionnels de santé.

Ces derniers sont d'ailleurs parfois plus focalisés sur les études statistiques et les publications dans des revues scientifiques, que sur la réalité de la pratique clinique.

C'est pour cela que j'ai ressenti le besoin de partager avec vous dans ce livre, les incohérences et les oppositions entre certains messages de la diététique moderne et la sagesse plurimillénaire de la médecine traditionnelle chinoise, et vous proposer ainsi de tester pour vous quelques corrections alimentaires, très simples je peux vous l'assurer, particulièrement efficaces pour améliorer votre digestion ou perdre naturellement quelques kilos en trop.

Mais avant d'entamer notre petite mise au point sur ces sept poncifs de la diététique occidentale, j'aimerais vous raconter une petite histoire.

Rendez-vous au chapitre suivant et repartons ensemble quelques années en arrière, voulez-vous ?

Mon chemin de croix

... Nous sommes au mois d'octobre 1999, c'est lundi, il est 13 h 30 et je retourne au travail dans mon entreprise, après la pause déjeuner, plein de motivation comme de nombreux autres jeunes cadres dynamiques.

Je pars en réunion avec mon responsable hiérarchique et le directeur industriel de notre division.

Quelques minutes à peine sont passées depuis l'ouverture de la séance et toute mon énergie semble s'être déjà dissipée.

Dans la pénombre de la salle, je lutte pour maintenir mon attention, mais la fatigue me gagne inexorablement.

La voix monocorde de notre boss, les interminables tableaux Excel et les graphiques colorés finissent par avoir raison de moi.

Mes paupières sont lourdes comme le rideau de fer d'une vitrine de magasin qui tombe de tout son poids jusqu'au sol.

Je ne tiens plus les yeux ouverts !

Je me réveille en sursaut et redresse violemment la tête qui tombe sur mon bloc-notes.

C'est l'enfer ! Je ne sais pas si on m'a vu, je ne sais pas si j'ai dormi, ni combien de temps.

Et je n'ai qu'une trouille, c'est que l'on me pose une question, car là, je ne sais absolument pas où on en est de la réunion !

De retour au bureau, mon chef m'interpelle :

« *Si t'es trop fatigué, Laurent, il faut dormir la nuit, ou prends des vitamines.*

Pour une équipe qui est censée promouvoir le Changement et l'Efficacité dans la boîte, dormir en comité de direction, ça la fout mal, non ? »

Je suis paralysé par la honte, je dois être rouge cramoisi, car mon visage me chauffe comme si j'avais pris un coup de soleil. Pris en flagrant délit, je me sens comme un gosse qui vient d'être attrapé la main dans la boîte à gâteau.

Je ne sais pas quoi dire, j'ai perdu tous mes moyens et je bredouille un truc du genre :

« *Heuuu… oui oui, je vais arranger ça rapidement* » et sans plus d'explications, je file à mon bureau.

Le pire, c'est qu'il a raison ! Là mon ego en prend un coup, bonjour l'image !

Je dois me ressaisir et faire quelque chose, d'autant que, rétrospectivement, je n'en suis pas mon coup d'essai.

Mais faire quoi ?

Il ne me semble pas avoir un trop mauvais sommeil et contrairement à ce que mon état peut laisser penser, je ne fais absolument pas « la fiesta » toutes les nuits !

« *Somnolence post-prandiale* » m'indique le médecin du travail à qui je pose la question lors de la visite annuelle. Tiens, c'est joli ça !

C'est drôle de constater comment certains mots ou expressions d'experts peuvent vous sembler rassurants au premier abord,

« *Tout va bien, on sait ce que j'ai, tout est normal* » pensais-je intérieurement.

Pour pallier ce problème, je tente la technique du café bien noir.

... « *Rien de tel pour se booster* », d'autant que, dans mon open-space, les cafetières tournent comme la production de pièces automobiles dans les ateliers voisins... à plein régime !

Je ne dois donc pas être le seul à avoir ce problème... « *Tout va bien, je suis comme les autres.* »

Le café une fois avalé me dynamise, mais, dommages collatéraux, c'est mon estomac qui se manifeste, et cette fois-ci la crise est très forte.

J'ai l'impression que tout mon ventre est en feu, je hoquette, du liquide brûlant remonte tout le long de mon œsophage et me laisse un horrible goût amer en bouche.

J'ai envie de boire, mais je n'ose pas, j'ai tant peur d'aggraver mon état ! J'attends.

Ça ne s'arrange pas, la douleur s'intensifie et j'ai l'impression d'avoir reçu un coup de poignard qui me transperce le ventre de part en part, jusqu'au milieu du dos.

J'ai de plus en plus de mal à trouver une position confortable sur ma chaise.

Des spasmes me traversent par vagues successives et me tordent les boyaux dans tous les sens.

J'ai chaud… Non, j'ai le dos et la chemise trempés !

Je serre les dents, tout mon corps est crispé de la tête aux pieds.

Je suis plié en deux de douleur et je m'enroule autour du plexus comme pour écraser ce mal, le broyer, le rentrer à l'intérieur et le faire disparaître.

À chaque fois que l'intensité diminue un peu, j'essaie de me redresser et me relâcher, car je finis par avoir la respiration coupée.

Je ne sais pas combien de temps ça dure, mais cette crise me paraît interminable. Je profite d'une petite accalmie pour sortir du bureau et prendre l'air. Mes collègues n'ont, semble-t-il, rien remarqué et les quelques pas à l'extérieur me font du bien.

A priori le café, ce n'est vraiment pas bon pour moi !

Je note d'en parler au médecin, qui me reçoit en consultation ce soir.

Oui, à cette période de ma vie, mes problèmes de santé s'accumulent et comme vous, je cherche bien entendu à soulager mes souffrances, mais aussi, et surtout des réponses à mes questions.

Je consulte bon nombre de spécialistes comme un gastro-entérologue, car à mes brûlures d'estomac et au reflux acide s'ajoutent parfois des crises hémorroïdaires très invalidantes.

Le dentiste aussi, car j'ai des maux de bouche récurrents, mes gencives saignent tous les jours au brossage, je développe des aphtes très douloureux et, pour couronner le tout, j'ai souvent une haleine fétide !

L'ostéopathe vient à mon secours également de temps en temps, car j'ai tendance à être bloqué au milieu du dos, sans que je ne fasse a priori d'effort particulier.

Toutes ces personnes m'écoutent avec bienveillance, me questionnent, des caméras inspectent l'intérieur de mes conduits, on analyse mon sang, prélève de petits morceaux de mon estomac, on radiographie mon dos, etc.

Je suis scruté avec minutie à la recherche du moindre problème, de la plus petite non-conformité.

Je finis presque par être déçu qu'à chaque fois la réponse soit la même : « *Tous les examens sont négatifs, tout va bien, vous êtes en bonne santé jeune homme !* ».

Je n'ai rien et à ce moment, je n'envisage pas un seul instant que mes habitudes alimentaires et mes comportements puissent être à l'origine de mes problèmes. Personne ne m'en suggère même la moindre éventualité.

Les médecins me prescrivent toutes sortes de médicaments, anti-spasmodique, anti-acide, anti-douleur, anti-reflux, antibiotique... etc.

Je suis scrupuleusement les prescriptions, mais, dès la fin d'un traitement, les symptômes réapparaissaient à mon grand désespoir.

Ma vie devient une interminable succession de crises et de rémissions temporaires.

Je suis littéralement épuisé, physiquement et moralement.

Aucun traitement ne fonctionne durablement sur moi et la fréquence des crises augmente régulièrement.

Non seulement je ne vois pas d'issue, mais l'aggravation de mes problèmes de santé fait naître en moi les pensées les plus sombres.

« *... Ce n'est pas qu'un simple reflux gastro-œsophagien... ça doit être grave... tu vas finir avec un cancer à l'estomac et tu vas en crever Laurent !...* »

Et puis il y a un jour différent des autres, sûrement lors de l'une de ces journées gâchées par une bonne crise digestive.

J'entends comme une petite voix intérieure, chuchoter à mon oreille :

«*Mais tu vas rester comme ça longtemps?*»...

«*Tu n'en as pas marre de souffrir?*»

Si... RAS-LE-BOL... J'en ai vraiment assez de cette situation.

Impossible d'expliquer pourquoi, ce jour-là plus qu'un autre, quelque chose en moi s'est réveillé.

Il m'est apparu une évidence,

Non, je n'ai pas rien, je ne suis pas en bonne santé, les médecins se trompent, ils passent à côté de quelque chose, d'un détail chez moi! Il doit y avoir quelque chose dans mes habitudes, ou dans mon alimentation qui est à l'origine de tout cela. Je ne sais ni comment ni pourquoi, mais j'en suis intimement convaincu.

Quelques semaines plus tard, à la faveur d'une rencontre et d'un heureux hasard, je prends rendez-vous sur les conseils d'une amie, auprès d'un praticien de médecine traditionnelle chinoise dans la région de Strasbourg.

Après un long échange, la prise du pouls radial, l'examen de la langue et la palpation de l'abdomen, je trouve enfin des réponses à mes questions.

Il m'explique les origines possibles du syndrome «*Wei Huo*», le feu de l'estomac, qui se manifeste chez moi.

Comment ce feu, cette acidité remontant par le tube digestif, vient échauffer ma bouche, déséquilibrer ma flore buccale et créer gingivites et aphtoses.

Comment le stress et ma grande nervosité perturbent l'harmonie entre mon foie et mon estomac, l'impact de mon alimentation sur mes intestins, pourquoi je suis ballonné, me sens lourd et surtout sans énergie.

Tout est différent, tout prend du Sens, j'ai l'impression de sortir du brouillard et d'avancer dans la bonne direction.

Le feu de l'estomac est traité avec des plantes.

Sur ses conseils, je commence l'apprentissage du Tai Ji Quan, et c'est là que démarrent réellement mes changements de régime alimentaire.

Ma santé s'améliore durablement et, comme il me l'a indiqué, mes gencives ont cessé de saigner simplement avec la disparition de ce feu. Incroyable ! Tous ces résultats sont très encourageants et me confortent dans cette voie que je choisis d'adopter pour l'ensemble de ma santé.

Depuis ce moment, j'ai testé toutes sortes de régimes alimentaires. Seignalet[2], hyper-protéiné, groupes sanguins, cru, sans-gluten, fasting, etc.

Chauds, froids, humides, secs, j'ai appris la nature des aliments, leurs actions sur notre corps et également la façon de les préparer en suivant la sagesse de la médecine traditionnelle chinoise.

J'ai pu ainsi adapter avec efficacité, ma façon de manger à ma propre physiologie, aux saisons ainsi qu'à mon tempérament.

Aujourd'hui, je n'ai plus aucune brûlure d'estomac, mon transit est régulier et je sais parfaitement quoi manger afin de me sentir léger et bien dans mon corps sans me contraindre à aucun régime strict... même passé cinquante ans !

C'est cette médecine qui a fourni les réponses à mes questions ainsi qu'à celles qui viennent me consulter :

⋆ pourquoi j'ai des brûlures d'estomac ?

⋆ pourquoi j'ai des ballonnements, même si j'ai peu mangé ?

⋆ pourquoi suis-je régulièrement constipé ?

---

2 - Le régime de Seignalet, appelé également régime hypotoxique ou ancestral, a été élaboré en 1985 par le docteur Jean Seignalet, aujourd'hui disparu. Il exclut une grande partie des céréales modernes (dont celles qui contiennent du gluten), les produits laitiers d'origine animale et les cuissons à hautes températures. Très controversé depuis toujours, le régime de Seignalet repose sur des observations cliniques, aujourd'hui en grande partie scientifiquement vérifiées. Il connaît actuellement un regain d'intérêt, notamment auprès des personnes souffrant de maladies chroniques que la médecine traditionnelle peine à enrayer.

* pourquoi je manque d'énergie ainsi après les repas et que j'ai besoin de dormir ?

Peut-être vous aussi, vous posez-vous ce genre de questions et en avez assez de rester sans réponses ?

Alors, sans plus attendre, commençons dans le chapitre suivant par la plus « universelle » des recommandations diététiques.

Homo occidentalis varius equilibrium

Si je vous demande de me citer spontanément la première action à mettre en place pour bien manger, il y a de très fortes chances que vous me répondiez qu'il faut manger équilibré.

«*Bien manger, c'est adopter une alimentation variée et équilibrée, c'est-à-dire manger de tout, mais en quantités adaptées.*»

Voici la recommandation principale que l'on peut lire dans le Programme National Nutrition Santé Français.[3] Et très certainement dans l'ensemble des pays occidentaux.

---

3 - Lancé en 2001, le Programme national nutrition santé (PNNS) a pour objectif général l'amélioration de l'état de santé de l'ensemble de la population en agissant sur l'un de ses déterminants majeurs : la nutrition (comprenant l'alimentation, l'activité physique et la sédentarité).

Cette recommandation est tellement reprise et répétée comme un mantra qu'elle en est devenue une vérité absolue que personne ne pense à vérifier et encore moins à contredire !

Celle-ci est justifiée habituellement par la notion de recomplètement pondéral des besoins nutritionnels journaliers du corps.

Voici ces derniers exprimés en pourcentage des apports total par jour nécessaire pour un adulte :

* 55 % doivent être issus des glucides (deux tiers issus de l'amidon et un tiers du saccharose)
* 15 % doivent provenir des protéines
* 30 % doivent être apportés par les lipides.

Si vous souhaitez savoir comment ces besoins sont définis, permettez-moi de partager avec vous ci-dessous un extrait du site de l'Anses (l'Agence nationale de sécurité sanitaire de l'alimentation).

Voici le paragraphe qui traite de cette question :

« *Référence Nutritionnelle pour la population (RNP)*

La RNP est l'apport qui couvre en théorie le besoin de presque toute la population considérée (97,5 % dans la plupart des cas), tel qu'estimé à partir des données expérimentales.

La RNP est calculée à partir de l'estimation des paramètres de la distribution du besoin. Le plus souvent, on considère que la distribution du besoin dans la population suit une loi normale. La RNP est estimée à partir du BNM (Besoin

Nutritionnel Moyen) auquel on ajoute deux écarts-types, pour déterminer ainsi l'apport qui couvre le besoin de 97,5 % de la population. L'écart-type étant le plus souvent estimé à 15 % du BNM, la RNP équivaut alors à 1,3 fois le BNM. »

Toutes ses estimations théoriques, « *... estimées à partir des données expérimentales* », résistent bien mal à la pratique clinique.

Comme indiqué en avant-propos, je n'ai encore jamais vu de patient maigrir ou régler ses problèmes digestifs, simplement en mangeant équilibré et varié !

Je vais vous expliquer pourquoi un peu plus loin dans ce livre.

Non, personnellement, je pense que l'idée de manger variée provient de notre histoire plus que de réalités biologiques et physiologiques.

Avoir une grande variété d'aliments à sa disposition était un signe de richesse et de puissance. Et c'est encore un peu vrai dans certains pays dits en voie de développement.

Pouvoir cuisiner et servir des denrées issues de contrées éloignées, voire de pays étrangers, était l'apanage des empires coloniaux comme la France, l'Espagne ou l'Angleterre.

Et aujourd'hui encore, je vous fais remarquer que manger varié est un luxe occidental.

Selon votre lieu de vie, la nature ne met pas tous les aliments à votre disposition tous les jours de l'année.

Si vous êtes comme moi dans une région froide de l'est de la France (mon département compte toujours le village le plus froid du pays !), alors vous ne trouvez ni fruit ni légumes produits localement et naturellement au plus froid de la période hivernale.

Si je veux manger des courgettes et des oranges au mois de février, alors il faut que mon commerçant les importe du sud, respectivement de l'Italie et du Maroc par exemple.

Or, si vous et moi nous pouvons faire cela, c'est parce que notre monnaie fait toujours (pour l'instant) partie des devises les plus fortes, c'est-à-dire les plus valorisées par rapport aux monnaies des autres pays producteurs, au sein de l'Organisation mondiale du commerce.

Nous pouvons donc nous permettre de consommer et payer du pétrole pour transporter nos aliments sur des milliers de kilomètres.

C'est pour cela que « manger varié », c'est avant tout une habitude d'habitants de pays « riches ».

Et c'est également parce que l'agriculture pèse lourd dans la sacro-sainte croissance économique française, 3.4 % du PIB total et 18 % de la production européenne (soit le premier pays en valeur) que vous entendez à la radio et lisez dans les journaux, « *Mangez cinq fruits et cinq légumes par jour contribuent à rester en bonne santé* ».

Ou bien d'autres slogans du même genre, tous aussi médicalement sots qu'écologiquement désastreux pour notre environnement !

La Terre compte quelque 8 milliards de bipèdes du genre *Homo sapiens* !

Environ 950 millions seulement font partie du monde occidental et en reconnaissent les préceptes et la culture.

Toujours d'après les chiffres bruts, extraits des bases de données (worldometers.info, ourworldindata.org), entre 22 et 24 % du total de ces personnes vivent en zones rurales. Celles-ci produisent donc elles-mêmes une importante proportion des denrées alimentaires qu'elles consomment et ne varient ainsi pas ou peu leur alimentation quotidienne, mais suivent plutôt l'ordre naturel des saisons.

Donc en réalité, j'estime que nous avons tout au plus 720 millions d'individus qui tentent toujours, malgré l'inextricable complexité du concept, de manger varié à chaque repas.

Ce qui représente à l'échelle du monde tout juste 9 personnes sur 100 !

Pensez-vous sincèrement que les 91 autres mangent mal et soient tous en mauvaise santé ?

Bien sûr que non !

La réalité biologique que l'on omet de vous dire c'est qu'en fait, pour ce qui est de la santé du corps, varier quotidiennement son alimentation n'est nullement une obligation !

L'homme est omnivore et selon sa définition dans le dictionnaire Larousse :

« Une espèce dite omnivore, du latin omni (tout) et vorare (manger, avaler), signifie que son système digestif lui permet d'absorber des aliments d'origines diverses. Minérale, végétale, champignon et animale.

Cette caractéristique permet à ces espèces de s'adapter et survivre grâce à une alimentation dite "opportuniste", c'est-à-dire variable en fonction de la disponibilité des aliments (lieu, saison, climat, etc.). »

La nature nous a dotés d'un système digestif à « étages », ou certains organes sont destinés préférentiellement à la métabolisation des lipides et des protéines (comme l'estomac) et d'autres à celle des fibres ou de certains sucres (comme l'intestin). Équipés ainsi, nous pouvons manger de tout.

Mais ce n'est pas parce que nous POUVONS manger de tout, qu'il FAUT obligatoirement manger de tout, chaque jour pour rester en bonne santé... subtile nuance !

Il existe des peuples, qui sont strictement végétariens depuis des siècles (populations indiennes hindouistes par exemple).

Certains qui ne consomment quasiment aucun légume, à cause de la difficulté de culture sur des sols gelés presque toute l'année (Asie du Nord, Mongolie, territoires inuits).

D'autres, comme ceux de la Chine rurale ou de l'Asie du Sud-est (Vietnam, Cambodge) qui ne mangent quasiment que du riz et des légumes quotidiennement.

Ou encore ceux des hauts plateaux Andins qui ne mangent principalement que du quinoa et des tubercules, etc.

D'un point de vue diététique occidental, ces gens ne mangent absolument pas équilibré et restent pourtant en bonne santé.

Qui plus est, bon nombre d'entre eux vivent et travaillent dans des conditions climatiques et physiques que vous et moi serions bien en peine de soutenir, ne serait-ce que quelques jours !

Je n'ai pas cité le continent africain que je ne connais pas, mais tous ces peuples semble-t-il ne présentent que peu de signes des pathologies qui nous affublent nous les pays dits riches (diabète, cholestérol, troubles cardiovasculaires, etc.).

La vérité c'est que, sur notre petite planète bleue, manger de tout et équilibré chaque jour, ce n'est pas du tout la norme.

Et vous le constatez quand vous prenez votre sac à dos et que vous voyagez comme moi, hors des pays occidentaux.

C'est même plutôt l'inverse !

L'alimentation variée fait figure d'exception dans tout le règne animal sur terre.

Mais voilà, notre société occidentale a tendance à nous présenter son modèle comme universel, ainsi qu'à imposer ses croyances et sa vision du monde à tous les êtres vivants.

Relaxez-vous !

La médecine traditionnelle chinoise a observé depuis des siècles que la capacité de notre « feu digestif » nous offre le libre choix du régime alimentaire que nous désirons ou pouvons adopter. Je vais vous expliquer cette notion clé dans le chapitre « Le feu sacré ».

* Vos convictions sur la condition animale vous poussent au végétarisme, c'est ok, respectez-vous. De nombreux diététiciens avancent même que les végétariens présentent nettement moins de risques de pathologies cardiovasculaires !
* Vous n'aimez pas les fruits, soit ! Vous trouverez suffisamment de fibres dans les légumes et les céréales complètes ou semi-complètes.

* Vous vivez comme moi très éloigné de l'océan et trouvez du poisson de mer frais, relève de la gageure ? Pas de panique si vous ne mangez pas de poisson gras. Vous n'allez pas tomber gravement malade d'un déficit d'Oméga 3 ou de je ne sais quelle autre lettre de l'alphabet Grec !

Honnêtement, en douze ans de pratique de cabinet, je n'ai jamais vu de personne en état « sous-nutrition ».

Soyons sérieux, vous ne souffrirez pas de carence en nutriments, si vous ne mangez pas varié.

De vous à moi, quand il y a des déséquilibres liés à l'alimentation chez les Européens, c'est plus généralement imputable à des excès qu'à des manques, vous ne croyez pas ?

« *La diététique, c'est trop compliqué, Laurent, je n'y comprends rien !* »

Voici ce que j'entends régulièrement au cabinet, c'est d'ailleurs pour cela selon moi que les méthodes clé en main ont un grand succès.

Protéines, lipides, glucides, acides aminés, etc.... Oubliez tous ces concepts barbares et mangez plutôt ce qui vous fait plaisir avant tout.

Cela aura déjà au moins le mérite de supprimer la culpabilisation, l'anxiété permanente et délétère pour la digestion du « *je mange mal* » !

Écoutez votre corps et vos intestins, eux savent ce dont vous avez besoin réellement.

Plutôt que de vous forcer à manger plein d'aliments différents quotidiennement, suivez simplement les rythmes saisonniers.

Vous trouverez en annexe un rappel des saisons des végétaux si vous vivez comme moi dans un pays au climat tempéré. Suivez le guide et vérifiez la provenance d'origine de vos aliments.

Achetez un maximum de produits qui sont cultivés au plus proche de chez vous. Au-delà de l'aspect écologique, ces aliments sont ceux qui seront les plus bénéfiques à votre santé, ainsi qu'à la maîtrise de votre budget également d'ailleurs !

Manger varié est avant tout une logique commerciale qui s'oppose frontalement à l'ordre naturel des choses.

Elle pousse les producteurs à proposer des aliments hors saison, donc cultivés sous serres climatisées (voire carrément hors-sol parfois), sans voir un rayon de soleil et à grand renfort d'engrais chimiques.

Pour pouvoir être expédiés partout en Europe, voire dans le monde entier, ceux-ci sont récoltés avant maturation et bourrés de conservateurs et autres produits de synthèse afin de résister aux conditions de transport, et sans lesquels jamais ils ne finiraient dans votre assiette, car complètement déshydratés, fermentés et déformés !

Même avec de tels traitements, la FAO[4], dans un rapport de 2014, indique que 14 % du total de la nourriture produite dans le monde est perdu entre la récolte et les étals !

De plus, comme vous vous en doutez, ce genre d'aliments ne vous apportera jamais la vitalité et les nutriments nécessaires.

En résumé, si vous souhaitez manger sainement, voici ce que les traditions anciennes et le bon sens paysan vous proposent :

1. Suivez le rythme des saisons selon votre pays et votre région de résidence habituelle.
2. Privilégiez les circuits de transports dits courts et évitez la grande distribution pour les produits frais, les farines et les épices, qui sont la plupart du temps traités par ionisation.
3. Conservez toujours le même équilibre entre les familles d'aliments. La diététique taoïste suggère :
   - 60-65 % de céréales,
   - 30 % de légumes et légumineuse,
   - 5 % de fruits (frais, secs, graines et noix)

4 - FAO : Food and Agriculture Organization. L'Organisation pour l'alimentation et l'agriculture (FAO) est l'agence spécialisée des Nations Unies qui mène les efforts internationaux vers l'élimination de la faim.

- et 5 % de produits d'origine animale (œufs, viande et poisson si vous souhaitez en consommer occasionnellement).

4. Enfin, ce ne sont pas les sources de nutriments que vous devez faire varier et équilibrer ! Je vais vous expliquer pourquoi c'est même contre-productif dans de nombreux cas lorsque nous parlerons de cette fameuse notion de « feu digestif ». Retenez simplement que ce sont les Saveurs que vous devez faire varier, et, en particulier en occident, nous devons : **réduire progressivement les saveurs Sucrée et Salée et équilibrer en augmentant les saveurs Acide, Amère et Piquante.**

Vous pouvez, sans révolutionner votre façon de cuisiner, utiliser aisément les épices et les condiments pour atteindre cet objectif.

En parlant de révolution, celle des sciences et de l'industrie du XIXe siècle a eu un impact surprenant sur notre conception de l'alimentation. Et je suis quasiment sûr que vous êtes loin de vous imaginer comment !

Rendez-vous sans plus attendre dans le chapitre suivant afin de lever le voile sur les origines mystérieuses des lois de la diététique moderne.

Cheval vapeur et homme machine

Une chose qui me fascine toujours, c'est cette capacité qu'ont certains humains, pourtant très instruits, de vous expliquer des théories hautement élaborées, mais de faire dans la pratique tout à fait l'inverse des principes qu'elles sous-tendent.

Et cela est particulièrement vrai pour la médecine et la diététique d'aujourd'hui.

Combien de personnes se voient prescrire des anti-inflammatoires en guise de traitement pour un diagnostic d'arthrose. Cela ne vous choque peut-être pas, mais pourtant la définition de l'arthrose dans le dictionnaire médical officiel français Garnier-Delamare est on ne peut plus claire : « *douleurs articulaires, avec restriction de mobilité et de nature non-inflammatoire* ».

Combien de patients m'ont consulté afin de tenter de trouver une réponse efficace et surtout naturelle à leur syndrome de « capsulite rétractile ». Les tissus, remplis de sang et d'eau, de l'épaule d'un humain peuvent désormais simultanément s'enflammer (donc chauffer) et en même temps se rétracter, le tout à température et pression ambiante !

Mr Lavoisier doit se retourner dans sa tombe.

Je pourrais vous écrire, un livre entier, digne de l'almanach Vermot édition 2024, qui recense toutes les inepties biologiques et médicales que j'ai pu lire dans la presse ou entendre au cabinet.

Mais contentons-nous seulement ici d'aborder le brûlant sujet des Kilocalories !

Le concept de calorie en diététique remonte au début du XIXe siècle, lorsque les scientifiques cherchaient à comprendre les processus métaboliques du corps humain.

À cette époque, nous sommes en plein essor des machines à vapeur.

De nombreux modèles, dont la machine de Watt (1765), utilisent l'énergie thermique issue de la combustion du charbon pour vaporiser l'eau et faire monter en pression des chambres à piston afin de produire un mouvement mécanique.

Petit à petit, les machines vont devenir, au gré des améliorations techniques et des brevets, de plus en plus puissantes et efficaces.

Le cheval-vapeur (CV) deviendra l'unité de mesure caractérisant cette puissance.

Il symbolise une équivalence entre la force musculaire fournie par un cheval tractant une charge de masse définie et la puissance mécanique fournie par l'une de ces machines à vapeur pour réaliser la même tâche.

Les physiologistes de l'époque ont découvert que la nourriture que nous consommons peut être brûlée comme du charbon et produire ainsi une certaine quantité d'énergie.

Cette énergie peut être mesurée elle aussi en unités de chaleur appelées calories ou Joules en physique.

Le premier scientifique à utiliser ce terme « calorie » fut le chimiste français Nicolas Clément en 1824, lorsqu'il étudiait la chaleur libérée par la combustion de différentes substances.

Plus tard, en 1847, un autre scientifique français, Jules Raulin, a appliqué ce concept de calorie à la nutrition, en mesurant la quantité de chaleur produite par la combustion des aliments.

Il a constaté que différents aliments produisaient différentes quantités de chaleur. Cette découverte a jeté les bases de l'utilisation de la calorie comme mesure de l'énergie dans les aliments.[5]

Ce faisant, les scientifiques de l'époque en sont naturellement venus à la conclusion simpliste que

---

5 - Références : Harper, A. E. (1983). The discovery of the calorie. Nutrition reviews, 41(2), 41-45. Kleiner, S. M. (1991). A history of nutrition: the advent of nutrition science in the 19th century. Journal of the American Dietetic Association, 91(3), 288-293.

la métabolisation des aliments dans notre système digestif pouvait se réduire à une unique combustion de matière dont le résultat est une élévation de la température du corps par une énergie thermique qui pourra ainsi, comme dans une machine à vapeur, être transformée par le squelette et les muscles en une énergie mécanique.

Les calories sont devenues, au fil du temps, une mesure standard de l'énergie dans les aliments, permettant aux professionnels de la nutrition de quantifier les niveaux énergétiques qu'un individu absorbe quotidiennement.

Une calorie représente donc la quantité d'énergie nécessaire pour élever la température d'un gramme d'eau d'un degré Celsius, tandis que **un kilocalorie représente la quantité d'énergie nécessaire pour élever la température d'un kilogramme d'eau de un degré Celsius.**

Je ne vais pas vous faire l'affront de développer toute une thèse rébarbative afin de vous convaincre que votre système digestif n'est pas qu'une simple chaudière à bois pour faire bouillir de l'eau dans une cocotte minute !

Vous vous doutez bien que le vivant est beaucoup plus complexe que ça !

J'aurais au moins une dizaine d'arguments que je pourrais opposer aux diététiciens occidentaux pour réfuter définitivement cette théorie de l'apport calorique des aliments !

Même un gamin de huit ans a déjà constaté que s'il mange une glace, ce qui est bien agréable en été d'ailleurs, il se rafraîchit. Pourtant, les crèmes glacées sont particulièrement déconseillées dans les régimes à cause de leur très haute teneur en Kilocalories !

« *Oui, mais c'est à cause de la température du produit au moment de sa consommation, Laurent !* ».

Non, pas uniquement ! Pourquoi pensez-vous que les Bédouins du désert se rafraîchissent le corps et combattent la canicule avec du thé à la menthe brûlant ?

Et oui, malheureusement ce n'est pas aussi simple. Les diététiques traditionnelles anciennes, tibétaine, chinoise ou encore indienne, incroyablement plus subtiles et élaborées que la nôtre nous apprennent qu'il **existe des aliments de nature chaude, tiède, neutre, fraîche et froide.**

Certains, effectivement, stimulent l'activité métabolique du corps et donc le font monter en température, mais d'autres font baisser cette activité, donc le rafraîchissent voire le refroidissent. Et ceci, je précise, indépendamment de la température à laquelle vous l'ingérez ! Vous trouverez en annexe une liste d'aliments classés selon leur nature.

Le problème, dans cette histoire de calories, c'est qu'il y a deux notions qui sont allègrement confondues :

1. **La nature de l'aliment** comme nous venons de le voir, c'est-à-dire son effet activant ou modérateur sur notre métabolisme. C'est l'aspect Yang du produit pour la médecine traditionnelle chinoise qui pourrait théoriquement être assimilé, dans ce cas, au principe des kilocalories, si tant est que nous admettions qu'il existe alors des « calories négatives » puisque certains aliments sont refroidissant !
2. **La richesse de l'aliment**, c'est-à-dire son effet nourricier sur notre corps. C'est l'aspect Yin du produit, qui dépend, entre autres, de la densité et du type de matière qui le compose (sucres, corps gras, protéines, fibres, etc.).

Et ces deux notions de nature Yang (ou énergie) et richesse Yin (ou matière) d'un aliment sont des caractéristiques spécifiques indépendantes l'une de l'autre.

Ainsi, les produits comme le lait ou le beurre qui contiennent énormément de calories, 753 kcal/100g pour le beurre doux[6], sont pourtant de nature fraîche à neutre et humide pour la diététique chinoise, c'est-à-dire qu'ils tendent à faire baisser notre métabolisme, donc à faire baisser la température de notre corps après digestion.

Une consommation régulière de ces produits peut générer un excès d'humidité dans le corps, de la rétention d'eau et des mucosités. Et ce climat interne peut devenir chronique et faire le lit de différentes pathologies comme les gastralgies ou encore certains types de douleurs articulaires.

Il existe bien d'autres inepties dans la classification calorifique des aliments !

Selon cette norme[7], je devrais, si je veux garder la ligne, plutôt consommer du Coca-Cola® à 30,7 kcal/100g (c'est le « normal », le « sans sucre » est coté à 1,3 kcal/100g !) plutôt que de la compote de pomme qui en compte trois fois plus à 102 kcal/100g !... sérieusement ?

Et que penser du régime crétois, un modèle d'alimentation réputé sain et équilibré, popularisé dans le monde entier par l'étude du chercheur américain Ancel Keys dans les années 1970 ?

---

6 - Énergie, Règlement UE N° 1169/2011 (kcal/100 g).
7 - Énergie, Règlement UE N° 1169/2011 (kcal/100 g).

Selon Keys, les habitants de la campagne du sud de l'île affichaient d'insolents records de longévité, de minceur et de santé cardiovasculaire particulièrement dus à leur alimentation.

Un menu riche en huile d'olive, en poissons gras, en féculents (pain surtout), fruits et légumes, noix et vin rouge, mais pauvre en viande et en sucres raffinés.

En terme calorique, ce genre de diététique est littéralement un désastre, vin rouge 82,1 kcal/100g, sardines 202 kcal/100g, pain artisanal 269 kcal/100g, noix 618 kcal/100g !, et l'huile d'olive qui pulvérise les records tout aliments confondus avec 900 kcal/100g ![8]

Normalement, à ce stade d'avancement de nos connaissances, nous aurions déjà dû enterrer la théorie calorique des aliments depuis des lustres !

Mais qu'importe, au fond ce n'est pas tant le fait que les médecins et diététiciens modernes ne connaissent pas la nature des aliments qui me questionne !

Non, ce qui m'interpelle, c'est qu'encore aujourd'hui pour vous faire perdre du poids, les professionnels vous prescrivent des régimes hypocaloriques !

Même les experts occidentaux reconnaissent que les régimes ne fonctionnent pas. Ils le reconnaissent et ils l'écrivent !

---

8 - *Op. cit.* note 6

Je cite ici un rapport de l'ANSES intitulé :

Résultats de la consultation publique relative au « Rapport sur l'évaluation des risques liés aux pratiques alimentaires d'amaigrissement ».[9]

« *La reprise de poids concerne 80 % des sujets après un an. Et ce chiffre augmente avec le temps.* »

Plus avant, le rapport aborde également la question psychique de l'impact des régimes.

« *Sur le plan comportemental, le syndrome de restriction cognitive, conduisant à la réduction de la ration alimentaire pour atteindre un poids inférieur au poids spontané et s'y maintenir, induit une perturbation du comportement alimentaire qui augmente le risque de reprise de poids, au-delà même du statut pondéral initial.* »

Les régimes hypocaloriques ne marchent pas, l'ensemble de la communauté scientifique le sait, personne ne tente de le cacher !

Mais de plus, leur principe même défie la logique (si tant est qu'il en ait encore une) la plus élémentaire de la théorie des calories !

D'après ces mêmes experts, « *une calorie est une calorie et pour perdre du poids, son origine n'a pas nécessairement d'importance, il faut en brûler plus* ».

Je suis assez d'accord et je pense que vous aussi, pour perdre du poids, il faut avant tout activer notre métabolisme, « brûler plus » pour reprendre l'expression du rapport.

---

9 - https://www.anses.fr/fr/system/files/NUT-Ft-ConsultationRegimes.pdf

C'est d'ailleurs l'un des grands bénéfices de l'activité physique, faire circuler le Qi (l'énergie) et le sang et ainsi augmenter temporairement notre activité métabolique.

Ce que nous nommons dans le jargon des médecins traditionnel chinois, « tonifier le Yang ».

Mais alors, si tous les aliments ont un pouvoir calorique, donc la capacité d'augmenter le métabolisme et la température de notre corps selon la définition officielle, pourquoi diable vouloir réduire leur apport pour maigrir ?

Une diète hypocalorique n'a aucun sens dans ce cas, pour « brûler plus » vous devriez au contraire augmenter votre apport calorique !

Et d'ailleurs, c'est tout à fait le cas.

C'est bien ce qui se produit quand les personnes font un régime de type hyper-protéiné par exemple ! Elles perdent réellement du poids. Les protéines animales, comme la viande, sont riches en Kilocalories, en énergie et en sang, ce sont d'excellents toniques du sang et du Yang. Et un apport important va augmenter, temporairement, votre métabolisme au même titre que l'exercice physique et vous allez ainsi potentiellement « perdre de la matière ».

Attention, je précise bien temporairement, car votre corps s'habitue rapidement à la viande et cet effet de tonification du Yang disparaît en quelques semaines. Ensuite, il faut en prendre toujours plus pour avoir le même effet et c'est là que cela devient très mauvais pour la santé !

Oubliez les régimes hypocaloriques, quels qu'ils soient sans exception ! Si vous souhaitez maigrir naturellement, voici ce que le bon sens et les médecines traditionnelles anciennes vous proposent.

Il faut impérativement et avant toute autre chose, remonter votre niveau d'énergie générale, votre tonus.

L'énergie vitale, tout comme l'énergie électrique, se stocke très mal.

Comme de nombreux mammifères et certains oiseaux migrateurs, le corps humain stocke de la matière afin de la convertir ultérieurement en énergie disponible, afin de se ménager une réserve de vitalité suffisante pour passer l'hiver sans nourriture ou entreprendre un long voyage.

Prendre du poids et stocker de la graisse dans les tissus est une forme de réserve d'énergie de Qi !

Si votre rythme de vie et votre métabolisme actuels ne vous permettent pas d'assurer les besoins primordiaux, en clair **si vous êtes dans une situation de fatigue chronique, alors votre corps n'acceptera jamais de se séparer d'une matière potentiellement et facilement convertible en énergie, la graisse.**

Celui-ci choisira préférentiellement d'autres sources de nutriments si vous le contraignez à une restriction alimentaire drastique. C'est pour cela que l'on observe souvent en premier une fonte musculaire et non graisseuse dans ce cas !

Je ne vous connais pas, nous ne sommes pas au cabinet, et il va être difficile de vous conseiller ici sur votre manque d'énergie.

Comment traiter la fatigue chronique naturellement mériterait qui j'y consacre un livre complet !

Si vous ne parvenez pas seul(e) à retrouver de la vitalité avec les leviers habituels, repos, sommeil réparateur, activité physique, etc., alors faites-vous conseiller. Consultez un praticien de médecine traditionnelle chinoise proche de chez vous, il vous sera d'une aide précieuse et individualisée.

Faites des activités physiques douces et modérées, mais quotidiennes surtout si vous êtes très fatigué.

Marchez, faites du vélo, testez le Yoga, le Qi-gong ou toute autre activité qui mobilise respectueusement le corps (le fait monter en température), le renforce et, en même temps, apaisent l'esprit.

Aucune de ces activités à la mode aujourd'hui en occident, crossfit, zumba, musculation, etc., ne combine à mon sens harmonieusement ces deux vertus. Ces salles de fitness sont majoritairement remplies de personnes qui recherchent un exutoire à leur stress et à leurs tensions chroniques.

Au niveau alimentaire à proprement parler, modifiez progressivement vos habitudes comme suit.

❶ **Réduisez au maximum, voire supprimer si ce n'est pas important pour vous, les aliments les plus froids et humidifiant qui vont « réduire votre métabolisme » :**

* Les produits laitiers surtout frais lait, yaourts, beurre, fromage blanc (fromages secs et vieillis en cave le sont moins), etc.
* Les graisses animales, viandes et poissons à chair grasse.
* Les sucres raffinés ou non, miels, mélasses (sirop d'érable par exemple).
* Les alcools.
* Les eaux minérales gazeuses.
* Les légumes et fruits aqueux, tomates, poires, melon, pastèques surtout s'ils sont pris crus et hors saison.
* Réduisez en général les crudités, préférez les aliments cuits, mais avec des températures basses et des temps très courts afin qu'ils conservent au maximum leurs vitamines et nutriments.

❷ **Augmentez la part des aliments les plus asséchant, tièdes et réchauffant qui vont stimuler votre métabolisme et ainsi vous « faire brûler » :**

* Les céréales en général, pains complets ou semi-complets, pâtes, semoules, etc.
* Les légumineuses en général, lentilles, poids, etc.
* Les potirons, potimarrons et courges diverses.
* Les pommes de terre et patates douces.
* Les viandes à chair maigre, poulet, dinde, etc. (si vous en consommez)
* Et bien sûr, les épices et condiments de nature piquante et chaude, gingembre, poivre, ail, paprika, cannelle, curry, thym, noix de muscade, piments, etc.

Attention, ces recommandations s'entendent dans le contexte thérapeutique de l'amincissement.

Elles doivent, bien sûr, être adaptées selon votre tempérament, votre activité physique ainsi que le climat. Par exemple, les fruits aqueux (melons, pastèques) doivent être évités si vous faites de la rétention d'eau, mais sont en revanche un excellent moyen de rester hydraté en période de canicule.

Plutôt que de vous restreindre en quantité et en calories, si vous voulez vraiment faire une restriction alimentaire, faites plutôt une monodiète. Je vous expliquerai ce concept plus loin dans ce livre.

Mangez raisonnablement en quantité selon vos besoins et oubliez les régimes hypocaloriques.

Je ne connais personne qui compte scrupuleusement toutes les calories à chaque repas.

C'est intenable sur le long terme et vous forcer à un tel contrôle risque de tourner rapidement à la phobie !

Vous réussirez à atteindre votre poids morphologique et métabolique idéal, lorsque ce ne sera plus votre mental qui vous dira « *stop tu as atteint le nombre maxi de calories pour aujourd'hui !* », mais votre corps.

Vous réussirez le jour où ce sera vos « tripes » qui vous enverront le signal de satiété et en qui vous aurez pleinement confiance.

Votre objectif, c'est de passer de « *je ne DOIS pas manger ces aliments* » à « *je n'ai plus ENVIE de manger autant de cet aliment !* ».

C'est peut-être le plus long et le plus difficile de mes conseils. C'est un processus d'acquisition de confiance en soi qui nécessite d'expérimenter et d'avancer pas à pas, et ce sur plusieurs années. Il est normal de ressentir des périodes de découragement. Soyez indulgent envers vous-même, faites des pauses, faites-vous aider.

Vous avez toutes les clés en vous pour réussir.

Heureusement, nous allons voir dans le chapitre suivant un conseil plus simple à appliquer, mais qui ne coule pas forcément de source ! Vous l'avez compris, parlons maintenant de la consommation des eaux de boisson.

Changer l'eau en or

Malgré ces temps de crise économique et d'inflation monétaire, vous pouvez tout de même garder le sourire si vous avez investi une partie de vos économies en actions d'une société comme Nestlé.

Avec un chiffre d'affaires de 95,6 milliards d'euros en 2022 et surtout un bénéfice net de 9,3 milliards d'euros, ce grand groupe agroalimentaire continue de surfer sur la vague « *healthy* » des eaux minérales en bouteille, comme en témoigne le patronyme de l'un de ces produits phares : Nestlé PureLife. Ce que l'on pourrait traduire par « *Nestlé Concentré ou Quintessence de Vie* ».

Rien de moins !

Afin d'asseoir et pérenniser sa croissance économique, l'entreprise a multiplié les acquisitions et regroupe désormais au sein de sa division *Nestlé-waters* de nombreuses autres marques vendues internationalement, *Contrex, Hépar, Perrier, Poland Spring* (USA), *San Pellegrino*, etc.

L'Académie française de médecine reconnaît officiellement de nombreuses propriétés thérapeutiques aux eaux thermales dites « plutoniennes ».

Cette appellation fait référence aux nappes phréatiques souterraines dont l'eau se minéralise et acquiert ses propriétés par la condensation des gaz magmatiques lors de leur remontée des profondeurs vers la surface de la Terre, à la différence des eaux dites « neptuniennes » issues des précipitations, qui acquièrent, elles, leurs oligo-éléments et leurs propriétés par ruissellement, de la surface vers la profondeur, en s'infiltrant dans les couches de roches et de sédiments successives.

Les différentes applications thérapeutiques des eaux thermales (rhumatologie, phlébologie, pneumologie, etc.) varient donc suivant leur origine géologique, leur composition (bicarbonatée, chlorurée, sulfurée, etc.), mais également suivant leurs modalités d'application, voie externe (bains, inhalations, hydromassage, etc.) ou voie interne orale.

Pour autant, les eaux en bouteilles éponymes vendues dans votre supermarché, peuvent-elles *de facto* se targuer de ces mêmes bienfaits sur notre corps ?

Boire de l'eau minérale en bouteilles quotidiennement, est-ce tellement bon à la santé ?

Et surtout doit-on en consommer au minimum 1,5 litre par jour, comme cela est recommandé par l'ensemble du corps médical et diététique français ?

Si ce n'est pour continuer de vous faire acheter des millions de bouteilles, rien ne justifie médicalement que vous absorbiez tous les jours des litres et des litres d'eau minérale.

Ce besoin compulsif de laver votre corps de ses impuretés, à grand renfort d'une eau minérale purificatrice, ressemble, selon moi, étrangement à des préceptes judéo-chrétiens profondément ancrés dans l'inconscient occidental.

Cette notion, chère à la naturopathie, que notre corps ne parvient pas à se débarrasser de ces toxines (externes comme métaboliques) sans intervention extérieure, plantes, jeûne, lavements, etc., ne se retrouve pas dans la médecine traditionnelle chinoise ancienne que j'ai apprise !

Les anciens médecins chinois prônaient, pour la consommation d'eau, comme toujours la modération et l'individualisation de la prescription pour chaque patient.

Mais avant de vous dévoiler ce que j'ai appris de leur enseignement, permettez-moi de partager avec vous ma vision sur les arguments mis en avant par les vendeurs d'eau minérale et leurs affiliés.

❶ Tout d'abord l'argument massue est l'élimination des toxines.

C'est même devenu le slogan phare de certaine marque, « *Buvez, éliminez* », peut-on lire sur les bouteilles du fabricant Vittel. Une proposition fort alléchante pour peu que les fameuses toxines en question soient toutes hydrosolubles ! Ce qui n'est bien évidemment pas le cas, tant s'en faut.

Nombreuses sont les molécules organiques complexes, naturelles, qui restent spécifiquement liposolubles.

C'est pour cette raison par exemple que les aromathérapeutes vous demandent de diluer les huiles essentielles dans un corps gras et non dans de l'eau.

Et je ne vous parle pas ici des molécules organiques complexes synthétiques, issu de la pétrochimie par exemple : micro-plastiques ou nanoparticules, qui, eux, ne semblent solubles dans rien du tout, et qui s'accumulent dramatiquement dans notre environnement, sans que nous sachions encore comment les traiter convenablement !

À l'inverse, amener trop d'eau de boisson dans le système digestif et particulièrement au moment de l'assimilation, risque de drainer hors de votre corps de précieux éléments, eux hydrosolubles, comme les vitamines C et les vitamines du groupe B (B1 à B12).

❷ Le deuxième argument avancé est l'absorption des sacro-saints minéraux, calcium et magnésium en tête.

Comme indiqué en début de chapitre, les eaux « neptuniennes » se chargent de minéraux lors de leur pénétration dans le sol par ruissellement.

Ces particules oligo-minérales dispersées en suspension dans l'eau, sont peu et mal assimilables par notre système digestif, car encore de trop grosse taille.

Si vous souhaitez absorber efficacement oligo-éléments et minéraux, préférez ceux qui ont déjà été métabolisés, digérés, une première fois par des végétaux (en consommant des fruits et des légumes) ou par le phytoplancton marin (plasma de Quinton).

❸ **Enfin, d'après les experts et les nutritionnistes, nous serions tous déshydratés de manière chronique si nous ne consommions pas d'eau minérale !**

Vraiment ?

Dans le cas d'une personne en bonne santé, plutôt sédentaire avec un travail de bureau, une alimentation correcte et une activité physique [très] modérée, comme bon nombre d'entre nous, consommer systématiquement autant d'eau, en plus des autres apports hydriques, n'a pas de sens.

Oui, nous allons parler ici d'apport hydrique global.

Car là où il y a « tromperie marketing » selon moi, ce n'est pas tant dans le fait que votre corps ait besoin de remplacer l'eau qu'il perd, ce qui me paraît indiscutable, mais plutôt dans le fait que vous ne pouvez compenser cette perte qu'en buvant de l'eau minérale !

Bien évidemment, ce n'est pas le cas.

Et heureusement pour notre survie à tous depuis des siècles, car l'homme, encore aujourd'hui dans certaines parties du monde, n'a pas toujours aisément accès à l'eau potable.

Il semble qu'encore environ un quart de la population mondiale soit dans ce cas, selon un rapport des Nations Unies publié par l'UNESCO en mars 2023 au nom d'UN-water.

Il doit donc s'hydrater différemment, à l'aide de fruits aqueux, de légumes ou encore de laitages frais.

Dans certaines régions du monde, particulièrement inhospitalières, la rareté de l'eau douce lui procure un caractère sacré.

Dans l'aride région du désert de Gobi par exemple, les hommes de l'ancien empire mongol s'interdisaient de la boire.

Ils avaient compris qu'en la préservant au maximum, l'eau faisait pousser les plantes, qui elles-mêmes, nourrissaient le bétail, qui à son tour leur prodiguait nourriture (viande, lait et fromages) et force de travail.

Ainsi, ils ne buvaient que le traditionnel « *Süütei Tsai* », un breuvage constitué de thé, de sel et de lait chaud de chèvre, jument ou chamelle.

Les agriculteurs chinois ou vietnamiens que j'ai rencontrés lors de mes différents voyages en Asie passent leurs journées dans les rangs de thé ou dans les rizières, sous des chaleurs accablantes.

Malgré la pénibilité de leur travail, ils ne consomment pour seule boisson que du thé vert et le bouillon épicé brûlant du matin.

Savez-vous que les patients occidentaux en insuffisance rénale grave et dont les fonctions urinaires sont stoppées se voient prescrire un régime hydrique drastique ?

Il leur est demandé, par leur médecin néphrologue, de comptabiliser l'apport quotidien d'eau de boisson, mais d'inclure également dans ce calcul l'eau des fruits et des légumes.

Et même celle de cuisson du riz et des pâtes !

Tous ces aliments regorgent d'eau soit à l'état naturel soit après cuisson, et lorsque vous les consommez, vous vous hydratez !

Pour la médecine traditionnelle chinoise, les êtres vivants se trouvent en équilibre dynamique entre le Yin et le Yang, ou encore physiologiquement, respectivement entre l'eau et le feu.

Ainsi, le rôle premier de l'eau Yin chez les mammifères homéothermes comme l'homme est de réguler la température interne en évacuant les calories issues de l'activité métabolique Yang.

Du point de vue du médecin chinois, trop d'eau dans le corps risque de stimuler excessivement la diurèse et ainsi épuiser le Yin (l'eau et ses précieux éléments) et le Yang (l'énergie, la vitalité) de la fonction Rein-Vessie.

Un tel déséquilibre ferait apparaître sur le long terme des symptômes comme une fatigue générale chronique, des mictions fréquentes et difficiles à contenir, une faiblesse des lombes et des genoux, de la frilosité et une crainte du froid particulièrement des membres inférieurs, etc.

C'est pour cela que celui-ci surveillait attentivement les déséquilibres du type « excès de Yin » liés à l'alimentation et aux boissons.

Œdèmes, gonflements, sensations de lourdeur dans l'abdomen ou dans les membres, écoulements fluides et clairs, régurgitations, ballonnements, selles molles, frilosité, apathie sont autant de symptômes qui, s'ils s'installent durablement, doivent vous alerter sur une éventuelle consommation excessive d'eau minérale.

La sensation de soif reste notre indicateur le plus fiable pour réguler nos apports hydriques.

Je vous conseille donc tout d'abord de vous libérer du dogme consumériste des 1,5 litre d'eau minérale par jour obligatoires

Comptabilisez l'ensemble de vos apports hydriques de la journée, café, thé, infusions, soupes, fruits aqueux, crudités, légumes, laitages frais, etc.

Comparez le résultat avec votre perte d'eau physiologique courante entre 1 litre et 1,3 litre, hors activité physique soutenue.

Vous pouvez, si vous êtes équipé, utiliser une balance impédancemètre afin de mesurer la masse maigre, la masse grasse ainsi que la part d'eau contenue dans votre corps.

Attention, confrontez toujours la mesure théorique de n'importe quel appareil électronique à des signes cliniques objectifs et objectivables !

Dans le cas présent, repérez les symptômes cités plus haut dans ce chapitre.

Adaptez vos besoins selon :

* votre âge, votre constitution, votre métabolisme (transpiration, urines).
* votre activité physique (travail, loisir, sport, etc.), la température, la saison.
* votre alimentation solide (fruits, crudités, légumes frais) et liquide (soupes, café, thé, tisanes).

Faites un bilan global et complétez par un peu d'eau minérale, consommée non glacée, si celui-ci reste déficitaire.

Surtout, faites confiance à votre corps, restez attentif à vos sensations ainsi qu'aux symptômes.

Vos besoins physiologiques ne sont pas constants, et varient fortement d'une journée, d'une semaine et même d'une saison à l'autre.

Vous devriez, selon moi, douter très sérieusement de ces experts qui vous somment de consommer une quantité égale d'un produit tout au long de l'année !

Quand bien même ces dits experts seraient mandatés par de prestigieuses institutions médicales, comme c'est le cas pour le produit dont nous allons parler dans le chapitre suivant.

Blancheur immaculée

Les produits laitiers sont certainement, avec les céréales du petit-déjeuner, les aliments qui font l'objet du lobbying le plus intensif de toute l'histoire de l'alimentation moderne.

Fabricants et distributeurs dépensent des millions d'euros en publicités et études médicales variées afin de prêcher la bonne parole du lait et de tous ses dérivés.

Dans l'ensemble des médias européens, les études médicales les plus « scientifiques » (parfois même issues de l'Institut Pasteur lui-même !) côtoient dans un incongru mélange, les spots télévisuels les plus lénifiants qu'il m'ait été donné de voir.

Ces derniers présentent un paradis champêtre où gambadent, main dans le sabot, heureux bovins et joyeux bambins, ou solides anciens (selon la population visée), louant tous en chœur les saintes vertus du précieux breuvage immaculé.

Enfants, adolescents, jeunes mamans, personnes âgées, personne n'est oublié et tous les consommateurs sont ciblés, à chaque étape de vie.

En France, l'un des deux plus gros pays producteurs de lait d'Europe avec l'Allemagne, le plan national nutrition santé recommande de consommer deux laitages quotidiennement pour les adultes, et trois à quatre pour les enfants ainsi que les personnes de plus de 55 ans.

Ceci avec bien entendu comme *leitmotiv* incontournable l'absorption quotidienne du précieux calcium, sans laquelle nos dents et notre squelette se transformeraient en un vulgaire château de cartes, s'écroulant au moindre courant d'air.

D'après certains experts, ces recommandations sont pleinement justifiées par le fait qu'aucun autre aliment ne peut remplacer le lait et son calcium pour la santé de nos os.

Ceci nous amène tout d'abord à nous poser deux questions :

* Le lait est-il une si grande source d'oligo-éléments et de minéraux par rapport aux autres aliments ?
* Et tous les humains qui ne consomment pas de lait sur cette planète sont-ils tous en mauvaise santé ?

Premier constat diététique, le lait à une densité pondérale nutritionnelle oligo-minérale globale de 1 %.

Ce qui est très très inférieur à de nombreux fruits et légumes ou encore aux céréales complètes ou semi-complètes. La réponse à notre première question est déjà plutôt fort mitigée !

Deuxième constat, plus ennuyeux celui-ci, les pays où l'on consomme le plus de lait et de produits laitiers en général sont aussi les plus touchés par des troubles articulaires et musculo-squelettiques !

Vous pouvez lire sur le site internet de l'assurance maladie française « Ameli.fr » que les fractures du col du fémur liées à l'ostéoporose ont atteint le nombre de 76100 hospitalisations chez les plus de 65 ans. Le chiffre est important et les conséquences également puisque toujours d'après « Ameli.fr » 20 % des personnes touchées ont des complications post-opératoires et 30 à 50 % ont une réduction d'autonomie importante.

Afin de ne froisser personne et surtout pas les représentants d'une industrie qui pèse plusieurs millions d'euros, l'OMS nomme pudiquement cet état de fait « le paradoxe du calcium », ça ne s'invente pas !

Dans de nombreux pays d'Asie comme la Chine par exemple, qui n'était pas historiquement un pays d'élevage bovin, depuis des siècles les habitants ne consommaient pas de produits laitiers.

Vous pouvez remarquer d'ailleurs que la tradition culinaire chinoise, pourtant fort raffinée je vous assure, n'est pas réputée pour ses fromages !

Pour autant, force est de constater que les habitants de l'empire du Milieu ne souffrent pas particulièrement de faiblesses articulaires et osseuses comme nous en occident.

Ceci étant dit, le lait est un excellent alicament (aliment thérapeutique pris sous forme de cure) et devrait être considéré comme tel, selon moi.

Nous allons voir ce que la diététique traditionnelle chinoise préconise à son sujet.

Mais avant cela j'aimerais faire ici une précision de la plus haute importance.

Quand je dis que c'est un excellent alicament, je parle bien sûr ici du lait cru que l'on récolte à la sortie du pis de la vache. Malheureusement, et c'est là où le bât blesse, celui que vous achetez dans votre supermarché n'a plus grand-chose à voir avec ça.

Premier problème, il subit au moins industriellement une trentaine d'opérations de transformation successives ! Pressurisation, refroidissement, stockage, chauffage, centrifugation (écrémage), pasteurisation (75 degrés Celsius pendant 30 secondes) ou stérilisation UHT (Ultra Haute Température), homogénéisation, ajout de conservateurs et stabilisants, refroidissement à nouveau, etc., le tout avant d'être mis en bouteille ! Le produit est complètement dénaturé, et si vous souhaitez en savoir plus sur ce sujet, regardez le passionnant reportage d'Arte « *Le lait mensonges et vérités* », (ARTE HD 2017). Comment un produit ultra-transformé et dévitalisé à ce point peut-il être digeste et bon pour votre santé ?

Deuxième problème et non des moindres, c'est le mélange. Je m'explique, le lait des coopératives agricoles est un mix de laits provenant de plusieurs fermes, donc parfois de plusieurs milliers de vaches différentes ! Or, le lait n'est pas qu'un produit nourricier, c'est également un vecteur défensif pour le nourrisson. La mère transmet une partie de ses défenses immunitaires à son petit au travers du lait et particulièrement les fameuses immunoglobulines. Selon certains médecins, un tel produit contiendrait des milliers de profils immunologiques différents, autant que de vache laitière à son origine ! Inutile de vous préciser la masse insensée d'informations biologiques et les déséquilibres qui peuvent se produire chez un petit être au système immunitaire encore immature lorsqu'il absorbe ce produit. Est-il si étonnant de dénombrer de plus en plus d'individus intolérants à ce type de lait ?

Enfin, dernier point à ne pas sous-estimer, 75 % de la population mondiale est, semble-t-il, intolérante au lactose par déficit de lactase d'après l'OMS. La lactase est cette enzyme digestive qui permet au nourrisson de métaboliser le lactose, mais qui disparaît à l'âge adulte chez les trois quarts des humains.

Il y a donc une probabilité non négligeable que vous-même soyez dans ce cas de figure, vérifiez attentivement cette question.

Indépendamment des points que je viens d'énoncer, et que je vous laisse le soin de documenter pour vous-même, voici comment la médecine traditionnelle chinoise ancienne considère le lait : **Le lait est un aliment de nature Yin, fraîche et humide.**

C'est-à-dire qu'il a tendance à refroidir le corps et à apporter de l'humidité interne après digestion.

Ceci ne cause pas forcément de souci chez les enfants qui sont plutôt de nature Yang, débordant naturellement de vie et d'activité !

En revanche, cela peut devenir problématique chez les adultes, qui vivent par exemple comme moi dans une région au climat plutôt froid-humide et également pour les personnes âgées qui deviennent avec le temps bien plus frileuses et naturellement moins actives.

C'est pour cela que je considère le lait comme un alicament, qui doit être conseillé avec prudence pour les adultes et être prescrit par le médecin ou le diététicien dans des cas bien spécifiques.

Dans tous les cas, je vous déconseille la consommation de lait si vous présentez les déséquilibres métaboliques suivants :

* Stagnation d'humidité « *Shi* », gonflements, œdème des membres ou abdominal.
* Accumulation de mucosités « *Tan* » dans les muqueuses des voies aériennes, toux, crachats de glaires, bronchites ou sinusites chroniques, polyposes nasales.
* Surpoids, obésité.
* Selles molles, diarrhée chronique, régurgitations claires.
* « Feng Han Shi Bing », obstructions articulaires douloureuses de type vent-froid-humidité, ce qui correspond en médecine occidentale à certains tableaux cliniques de rhumatismes, voir d'arthrite.

En revanche, vous pouvez tout à fait consommer quelques produits laitiers avec modération et en variant les plaisirs. Voici mes conseils.

Fuyez les produits laitiers industriels : mélanges, transformations successives, conservateurs, traces de produits phytosanitaires de synthèse, manque de vitalité, ces produits sont de véritables poisons pour le corps !

* Achetez du lait issu d'une ferme à taille humaine proche de chez vous, que vous pouvez visiter, respectueuse au maximum du bien-être des animaux et estampillée bio ou autre label similaire de préférence.
* Fabriquez vous-même vos yaourts par ensemencement ou simplement par repiquage. Faites fermenter votre lait naturellement à l'aide de grains de kéfir. C'est vraiment très simple, les bonnes bactéries vont pré-digérer le lactose pour vous et vous obtiendrez des produits vivants, non-stérilisés (qui certes ne se conservent que 2 ou 3 jours), à haute teneur en probiotiques qui favoriseront une excellente flore intestinale.
* Consommez des spécialités fromagères de fabrication fermière, sèches et vieillies en cave : gruyère, comté, camembert au lait cru, gouda vieux, parmesan, roquefort, crottins de chèvres, etc. Ici également une lactofermentation naturelle longue vous aura préparé le travail digestif et éliminé tous les risques microbiens. Même les personnes intolérantes peuvent se permettre ce genre de produit puisque si vous prenez par exemple un morceau de comté vieilli douze mois en cave, l'analyse de laboratoire ne montre plus de lactose dans l'échantillon (source « Des aliments aux mille vertus », éditions Terre Vivante).

Enfin rappelez-vous que les laitages sont des produits de nature Yin en plus d'être refroidissant, et qu'ils sont très nourriciers (le lait est naturellement conçu pour la croissance et le développement du nourrisson).

En diététique traditionnelle chinoise, ce ne sont donc pas des produits que nous recommandons dans le cadre d'une recherche d'amincissement.

Il y a un autre breuvage dont j'aimerais vous parler ici. Une boisson peut-être tout aussi ancienne que le lait et qui fait la réputation et la fortune de familles, de villages et de pays tout entier depuis des siècles... mais rendez-vous dans le chapitre suivant afin de découvrir d'autres secrets médico-gastronomiques.

In vino veritas

Tout au long de notre l'histoire, peu de boissons ont occupé une place aussi importante dans la culture humaine que le vin. De ses origines anciennes à sa présence continue dans notre société moderne, le vin est présent au cœur de notre expérience collective, influençant l'art, la religion et même notre compréhension de la santé et du bien-être.

En Mésopotamie, parmi les terres fertiles des rivières Tigre et Euphrate, les anciens Sumériens et Babyloniens ont découvert la magie du jus de raisin fermenté. Ces premiers consommateurs du nectar divin croyaient que le vin possédait des propriétés sacrées, évoquant la faveur de leurs dieux et conférant vitalité à ceux qui en consommaient.

Dans l'Égypte ancienne, le vin revêtait à la fois des dimensions spirituelles et médicinales.

Présent dans les tombes des pharaons, et symbolisait le voyage vers l'au-delà, et de curieuses prescriptions médicales à base de vin étaient consignées sur des rouleaux de papyrus, mêlant herbes et épices à l'élixir de raisin fermenté pour traiter des affections allant des troubles gastro-intestinaux aux rhumatismes.

Les anciens Grecs, dans leur quête d'équilibre et d'harmonie, considéraient le vin comme un élément essentiel de la vie quotidienne. Des médecins tels qu'Hippocrate ou Gallien vantaient ses vertus, le prescrivant comme remède contre les troubles digestifs et la mélancolie.

En Méditerranée, la culture des vignes se développait à mesure que l'Empire Romain s'étendait.

C'est à partir de ce moment que le vin est devenu un symbole de pouvoir, de prestige et de plaisir avec tous les excès que nous connaissons de cette époque !

Pourtant, pourtant au milieu de cette opulence, des penseurs médicaux tels que Dioscoride et Pline l'Ancien ont reconnu les bénéfices potentiels pour la santé du vin. Ils le prescrivaient comme aide à la digestion, antidote contre les morsures de serpent et même traitement topique des blessures.

Le Moyen Âge a été le témoin de l'ascension des ordres monastiques, dont le dévouement à la viticulture a non seulement préservé l'art de la vinification, mais a également produit d'innombrables manuscrits contenant recettes et prescriptions variées. Le vin était considéré comme une nécessité médicale, les abbés et les moines fabriquant des élixirs infusés d'herbes et d'épices pour traiter divers maux.

Les avancées bio-chimiques et médicales des sociétés modernes ont mis en lumière la relation complexe entre la consommation d'alcool et le bien-être, suscitant des débats sur les bienfaits et les risques des boissons alcoolisées comme le vin.

Aujourd'hui aux USA, en Europe et dans de nombreux autres pays, la consommation excessive d'alcool est pointée du doigt par les autorités et reconnue, directement ou indirectement comme vecteur de nombreux problèmes de santé publique.

Malgré tout, en France, diététiciens et surtout médecins recommandent encore la consommation quotidienne de deux verres de vin rouge, comme particulièrement favorable à la santé cardio-vasculaire !

Pour l'anecdote, cette idée, surprenante au regard de tous les éléments évoqués plus haut, semble principalement provenir du résultat d'études épidémiologiques menées durant les années 80 et plus connues sous le nom générique de « *French paradox* ».

À cette époque, les diététiciens américains étaient persuadés que les problèmes de santé cardio-vasculaire de leurs concitoyens trouvaient leur origine spécifiquement dans leur régime alimentaire.

Sur ce point médical particulier, ils avaient remarqué que les habitants du vieux continent jouissaient d'une santé bien meilleure que ceux du pays de l'oncle Sam. Ils se sont donc mis en quête de découvrir le ou les aliments aux vertus cardio-protectrices présents dans le régime alimentaire des Français.

Petit-déjeuner, déjeuner, dîner, sorties au restaurant, avec leurs apports de kilocalories de protéines, lipides, glucides, furent analysés sans que l'on puisse faire de découverte significative. C'est sur cet inexplicable constat qu'est né le concept de «*french paradox*»!

Les seules habitudes alimentaires spécifiques au régime français mises en avant furent la consommation de fromages et de vins. Le gras ayant d'ores et déjà plutôt mauvaise presse concernant la santé des artères, un lien de causalité, peut-être par défaut, a été établi entre santé cardio-vasculaire et consommation de vin rouge.

Trouvant là une occasion en or d'estampiller son produit du sceau de la science médicale, le lobbying des exploitants agricoles et viticoles s'est alors employé à relayer abondamment ce message dans les médias auprès du public et des professionnels. Encore aujourd'hui, on vous a déjà certainement vanté les extraordinaires propriétés des fameux polyphénols et en particulier du resvératrol contenu dans les pigments rouges du raisin sur vos artères.

Après toutes ces années et tout ce que nous constatons aujourd'hui, le mythe de la consommation du vin rouge à la peau dure.

Malheureusement, notre santé cardio-vasculaire actuelle en France est tout aussi mauvaise qu'aux USA ou d'autres pays.

D'après l'OMS :

« *Les maladies cardio-vasculaires sont la première cause de mortalité dans le monde : il meurt chaque année plus de personnes en raison de maladies cardio-vasculaires que de toute autre cause. On estime à 17,7 millions le nombre de décès imputables aux maladies cardio-vasculaires, soit 31% de la mortalité mondiale totale...* »

Pour la France, elles restent également la première cause de mortalité chez les femmes (la seconde chez les hommes) et impliquent plus d'un million d'hospitalisations en 2016 d'après Santé Publique France.

Même si les Français boivent moins de vin que dans les années 80, 47 litres/an/habitant en 2020 selon Statista 2023, la France reste le deuxième pays consommateur derrière les USA !

À l'époque des premières études américaines, notre régime alimentaire était simplement en train de changer, et la consommation de sucre, de sodas ou de produits industrialisés et ultra-transformés était naissante.

Il aura juste fallu attendre une vingtaine d'années pour que nous rattrapions les USA.

Et nous pouvons malheureusement faire le même triste constat pour le diabète et l'obésité.

« *What Explains the French Paradox* »[10]

Mais, aujourd'hui le roi est nu !

NON, consommer quotidiennement du vin ne vous prémunit nullement des risques de pathologie cardio-vasculaire.

Et que ce soit un médecin généraliste ou un spécialiste du cœur qui vous le dise, ne change absolument pas cet état de fait.

Indépendamment des propriétés diététiques que la médecine traditionnelle chinoise attribue au vin et aux boissons alcoolisées en général que nous allons voir maintenant, voici tout d'abord quelques points élémentaires, vus normalement en classe de physique-chimie au lycée.

Pardonnez-moi, cher lecteur, si j'évoque de mauvais souvenirs, mais ces précisions relèvent d'une haute importance pour votre santé !

---

10 - https://www.youtube.com/watch?v=YxBk_76Q8BU

Les boissons alcoolisées d'une manière générale sont un mélange d'un alcool (l'éthanol) et d'eau avec différentes molécules aromatiques en solution.

L'éthanol, de formule chimique : CH3-CH2-OH, est un liquide incolore, volatil, inflammable et psychotrope.

Il est connu sous la forme de boissons alcoolisées, comme l'une des plus anciennes drogues récréatives produites par l'homme.

La proportion eau/alcool varie selon les produits (ainsi que le mode de production) et est exprimée à l'aide d'un rapport nommé Titre Alcoométrique Volumique (pourcentage volumique %vol) ou plus couramment degré d'alcool (noté°) de la boisson.

Ainsi, un vin étiqueté à 12° est une boisson qui contient 12 % d'alcool pur, sur le volume total de son contenant.

D'un point de vue chimique, l'éthanol contenu dans le vin, ainsi que les autres boissons, est un solvant, au même titre que tous les autres alcools.

L'alcool était, et est toujours, utilisé en pharmacie :

* Comme désinfectant afin d'obtenir l'asepsie sur la peau ou d'autres surfaces.
* Comme conservateur de certaines substances.

* Et surtout comme solvant afin d'extraire « l'essence » (les substances actives et nourricières) des tissus profonds des végétaux, des racines, des champignons et même de certains animaux, afin de la diluer et la conserver dans un liquide en vue d'une utilisation médicamenteuse ultérieure (principe de la teinture mère).

Si vous consommez quotidiennement une boisson alcoolisée, vous maintenez en permanence de plus ou moins grandes quantités de solvant en circulation dans votre sang.

Cet éthanol en vous aura les mêmes effets chimiques sur vos tissus et votre Essence (vos liquides précieux) et en particulier vos minéraux, vos oligo-éléments et autres éléments trace indispensables à votre santé.

Ces derniers vont être solvatés et draînés petit à petit à l'extérieur du corps avec l'évacuation de l'eau via les urines.

J'en veux pour preuve que les personnes alcoolo-dépendantes chroniques de longue date, présentent très souvent un système osseux particulièrement fragilisé et sont régulièrement sujettes aux fractures ainsi qu'à l'ostéoporose.

Boire de l'éthanol quotidiennement est particulièrement nocif à votre santé même en petites quantités et ce pas uniquement pour votre foie !

C'est pourquoi la médecine traditionnelle chinoise considère l'alcool comme une substance toxique, c'est-à-dire qu'une prise quotidienne et durable peut engendrer des effets néfastes sur l'organisme.

Le vin et l'alcool en général sont de nature piquant (cela semble évident lorsque vous goûtez un alcool fort !) parfois amer, chaud et humide.

De par cette nature (et avec beaucoup de modération !) l'alcool est classé parmi les toniques du corps.

Son côté chaud et piquant réchauffe le centre, fait circuler le Qi et le Sang dans les vaisseaux, détend les tendons et disperse le vent froid.

Attention, l'alcool potentialise et augmente l'action des autres substances médicinales ! C'est pour cela que vous ne devez pas en consommer lorsque vous suivez un traitement médicamenteux, quel qu'il soit.

Voici quelques conseils issus des sagesses ancestrales qui vous permettront de concilier bonne santé et plaisir gustatif :

* Les vertus médicinales de l'alcool décrites plus haut par les anciens étaient le résultat de la consommation de produits naturellement issus de la fermentation et

plus rarement de la distillation : bière, vin de riz, de millet, de sorgho ou encore hydromel (fermentation du miel). Supprimez les alcools forts, distillation de fruits en particulier, préférez les alcools de grains et les fermentations simples.

* Adaptez le degré, le produit et les quantités à votre organisme, écoutez les signes, comme l'excès d'humidité, envoyés par votre corps. Surtout le lendemain !
* Évitez de consommer de l'alcool si vous présentez des signes métaboliques de chaleur ou humidité-chaleur : fièvres, maladies cardiaques, faiblesses hépatiques, diarrhées chroniques, hémorragies (ulcères, hémorroïdes), etc.
* Vins et autres alcools produits industriellement, sont souvent issus de processus accélérés et contiennent des quantités impressionnantes de produits chimiques, conservateurs, stabilisants, colorants, pesticides, etc. Choisissez des produits artisanaux dont vous connaissez la provenance, labellisés bio, Déméter ou équivalent.

En résumé, comme pour le lait, adaptez la consommation d'alcool à votre terrain.

Privilégiez la qualité à la quantité !

Stopper la consommation régulière d'alcool vous permettra de profiter de ses effets thérapeutiques puissants, lors d'éventuelles cures prescrites par votre praticien de médecine traditionnelle chinoise.

Conservez le plaisir de la consommation de boissons alcoolisées pour les rencontres sociales et les moments festifs.

Dans toutes les traditions culturelles, l'alimentation, d'une manière générale, a toujours été étroitement liée à la fête, aux célébrations et aux offrandes religieuses.

Manger ne relève donc pas du simple fait de se nourrir, et de combler des besoins physiologiques spécifiques. La nourriture a grandement encore aujourd'hui valeur de symbole : richesse, ouverture d'esprit ou même militantisme (cf. mouvements végétariens et végans).

La médecine traditionnelle chinoise, ignorante de la biochimie moderne, avait une vision différente de ces besoins physiologiques.

Laissez-moi vous rappeler quelques perles de sagesses anciennes dans le chapitre suivant.

Manger pour vivre

Vous connaissez peut-être cet ancien dicton qui dit qu'il est plus sage de « *manger pour vivre, que de vivre pour manger !* »

Cette maxime qui pointait certainement du doigt le péché de gourmandise peut paraître particulièrement désuète aujourd'hui tant la nourriture tient une place prépondérante dans nos vies sociales, professionnelles, et nos divertissements.

Et ce, même jusque dans l'organisation de nos maisons où la cuisine en s'ouvrant sur le salon-séjour qu'elle a quasiment remplacé, est devenue ces trente dernières années la pièce de vie centrale de la cellule familiale.

Cette culture « diétocentrée » est si présente en Occident que la majeure partie des diététiciens considèrent que pour être en bonne santé, l'être humain doit s'astreindre à faire trois repas par jour sans faute.

Sauter des repas selon eux, nous exposerais à un risque élevé de déséquilibres et de pathologies digestives variés.

Je constate autour de moi, dans ma famille comme chez mes patients, combien le simple fait de ne pas manger une journée peut générer de l'inquiétude. Pour de nombreuses personnes subsiste encore un biais cognitif d'association : « *si je ne mange pas, c'est que je suis malade !* ».

Voyons ensemble si ces injonctions et ces craintes répondent à une réalité biologique objective.

- Durant la journée, notre corps consomme du Qi et du Sang pour assurer nos fonctions vitales bien sûr, mais également toutes nos activités humaines diurnes physiques comme psychiques.
- Durant la phase nocturne de repos, celui-ci continue fort heureusement d'assurer nos fonctions vitales, mais c'est surtout le moment pour lui de régénérer le Qi et le Sang en profondeur afin d'éliminer les déchets métaboliques accumulés dans la journée et recharger nos batteries afin de repartir en pleine forme le lendemain.

Voici représenté très schématiquement ci-dessous les cycles circadiens de notre énergie pour une personne occidentale en bonne santé :

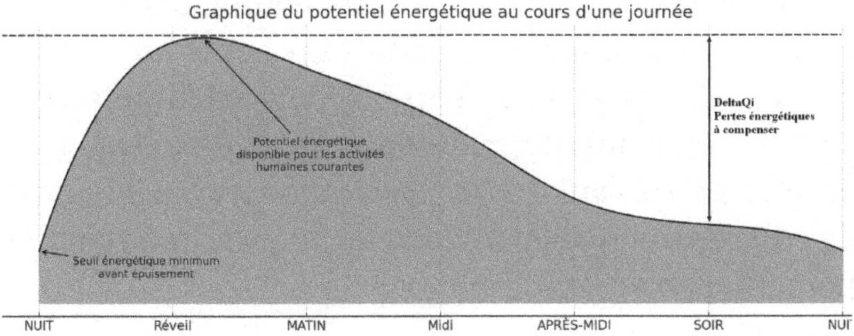

L'objectif premier de notre alimentation est de compenser partiellement les pertes d'énergie DeltaQi de la journée afin que nous puissions soutenir un niveau d'activité optimum jusqu'à la prochaine phase de repos.

Et ce, sans que nous ayons à puiser dans notre énergie du Rein.

Pour la médecine traditionnelle chinoise, le « Jing ou Essence » du Rein (que je nomme ici par simplification énergie du Rein) matérialise en nous les réserves de vitalité de long terme, que nous devons conserver en vue d'éventuelles maladies, accidents ou grossesses, ainsi que pour la fin de vie de la personne.

Le concept de « Jing » n'a pas d'équivalent en biochimie moderne, et ne peut donc être défini par ce biais. En revanche, vous pouvez aisément constater sa disparition lorsque vos fruits ou vos légumes se flétrissent ou sont excessivement transformés.

Cette notion de consommation d'énergie s'apparente au même principe que pour votre automobile.

Vous faites le plein de carburant après un certain nombre de trajets, selon leur distance et leur intensité (rythme de conduite, montée et descente, etc.), tout en vous préservant une marge de manœuvre (le signal de réserve indiqué au tableau de bord) afin d'éviter la panne sèche en cas d'imprévu.

Notre besoin en nourriture est donc spécifique et doit répondre aux activités propres à chaque individu : l'effort physique et sportif bien entendu, le travail, les activités cérébrales, mais aussi la récupération, le stress, les troubles émotionnels importants, etc.

C'est la somme de ces dépenses ainsi que leur répartition dans la journée, qui devrait en théorie décider de nos apports alimentaires.

Nous devrions donc, manger peu le matin puisque les réserves ont été reconstituées durant la nuit et que les dépenses énergétiques sont encore faibles. Nous n'avons pas encore beaucoup roulé avec notre véhicule !

Et, au contraire, beaucoup le soir puisque les pertes à compenser DeltaQi sont à leur apogée.

Malheureusement, manger en quantité importante des aliments riches et nourriciers le soir n'est fondamentalement pas une bonne solution.

Tout d'abord, parce que notre niveau de vitalité générale étant quasiment au plus bas, et l'énergie Yang du cycle circadien déclinante, notre corps ne pourra peut-être pas mobiliser l'énergie nécessaire au système digestif pour effectuer son travail efficacement.

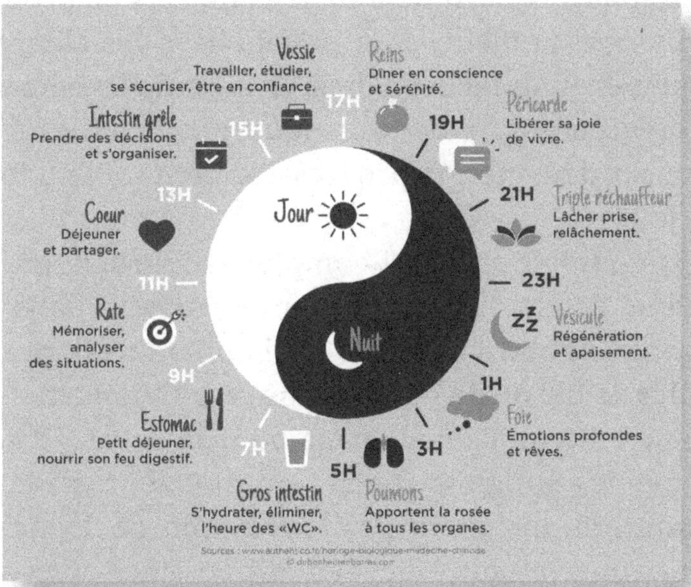

Ensuite, parce que, les aliments les plus nourriciers étant majoritairement les plus complexes et les plus longs à métaboliser, la digestion risque de se prolonger durant la soirée, voire pendant la phase de sommeil, au moment où normalement le système digestif se trouve au repos.

Ce dernier, forcé de continuer son travail pendant de longues heures, va se trouver grandement perturbé.

Vous risquez ainsi de voir apparaître de nombreux symptômes associés tels que : insomnies, sommeil agité, cauchemars, ballonnements, régurgitations, fatigue au réveil, difficultés de mise en route, lassitude, manque d'allant.

Une solution élégante à ce dilemme est de profiter de l'énergie du matin pour métaboliser des aliments complexes, mais faciles à digérer, comme les céréales principalement, qui vont soutenir la vitalité et dispenser de l'énergie progressivement tout au long de la journée.

Pain complet ou demi-complet en Europe, gruau d'avoine, de blé ou de riz (nommé porridge dans les pays anglophones) ou encore le bouillon piquant aux nouilles de blé ou de riz en Chine ou au Vietnam.

À l'inverse, nous veillerons pour le repas du soir à ce que les aliments choisis, comme leur mode de préparation, ne soient pas lourds afin qu'ils soient assimilables le plus efficacement possible pour que le système digestif puisse rapidement se mettre au repos. Fruits et légumes, légumineuses fermentées de préférence, soja en tofu, pois chiches en sont des exemples.

Sur ce même modèle, nombreuses sont les personnes dans les campagnes d'Asie ou d'autres pays qui travaillent dans les champs et ne font que deux repas principaux.

Un repas conséquent le midi viendrait consommer de précieuses ressources énergétiques nécessaires pour assurer un travail physique intense souvent rémunéré à la tâche.

Nous sommes nombreux à avoir expérimenté les difficultés de se remettre en route, pour un effort de marche soutenu, après un copieux casse-croûte ou un déjeuner traditionnel à la ferme.

En revanche, si le jour s'allonge comme en été par exemple ou encore dans les pays chauds, où les habitants sont contraints de scinder leur journée en deux à cause des chaleurs de l'apogée solaire, le travail peut se prolonger jusque tard dans la nuit.

Ainsi ces personnes font souvent un troisième repas tardif, mais beaucoup plus léger que celui de la fin de l'après-midi.

Les yogis indiens, comme bon nombre de personnes en recherche d'éveil spirituel qui souhaitent alléger leur corps et ainsi favoriser l'esprit, préconisent deux repas quotidiens uniquement. Un en milieu de matinée après les méditations et séances de yoga puis un en fin d'après-midi, laissant le corps le plus libre possible pour quelques exercices supplémentaires avant la nuit.

Comprenez qu'il existe autant de typologie d'organisation des repas quotidiens que de cultures, de traditions et de sociétés à travers le monde.

Ce qui m'amène à vous dire que, si vous ne respectez pas la règle des trois repas obligatoires par jour, vous ne risquez nullement d'être en mauvaise santé. Vous risquez bien plus d'être exposé à des déséquilibres ou des pathologies digestives si vous mangez trop et trop fréquemment !

Tout comme l'obligation de manger variée dont nous avons discuté dans le premier chapitre, cette règle des trois repas relève d'un dogme intellectuel qui perd toute substance lorsque vous voyagez vers d'autres pays et d'autres continents. Évidemment, il vous faut pour cela quitter le familier confort des voyages organisés avec leurs chaînes hôtelières à la mode occidentale et oser partir à la rencontre d'autres cultures.

Mon premier conseil au sujet du nombre de repas est surtout de vous relaxer !

Ne laissez pas votre mental imposer des concepts et des croyances rigides à votre corps.

Vos besoins évoluent avec le temps, votre âge, ainsi que votre niveau d'activité. Ce sont vos tripes et vos symptômes qui avec l'expérimentation doivent guider vos choix alimentaires.

Adaptez l'heure du déjeuner, ainsi que celle du dîner, selon vos activités. Et également selon la saison ! Les périodes du printemps et de l'été nous permettent de manger plus tardivement, les journées se prolongeant dans le temps.

Ce n'est pas le nombre de repas qui importe pour rester en bonne santé, mais plutôt la régularité.

Essayez de manger toujours à peu près à la même heure durant la saison.

C'est également le temps entre les repas qui est important. Physiologiquement nos « viscères creux » (l'estomac, les intestins) doivent se mettre au repos après chaque digestion.

En médecine traditionnelle chinoise, nous nommons Zang-Fu, le système respectivement de nos organes vitaux pleins (*Zang*), et de nos viscères creux (*Fu*).

- Les premiers sont dits pleins, car ils fonctionnent à régime régulier en continu, et sont donc toujours remplis, de sang comme le cœur, le foie, la rate et d'air comme les poumons et d'eau pour les reins.
- Les seconds sont dits creux, car ils sont vides la majeure partie du temps, et fonctionnent

uniquement par période. Ce sont les intermittents du spectacle ! Ils reçoivent de la matière à transformer, effectuent leur travail, se vidangent puis se mettent au repos. C'est le fonctionnement normal de l'Estomac, de la Vésicule-Biliaire, de l'Intestin Grêle, du Gros Intestin et de la Vessie.

Cette spécificité physiologique de fonctionnement fait que, toute raison gardée, l'activité régulière soutient les organes pleins et inversement, c'est bien le repos qui renforce nos viscères creux.

Manger trop fréquemment force donc ces dernières à une activité quasi continue, ce qui va à l'encontre de leur constitution propre et risque sur le long terme de les épuiser.

Dans le cadre d'une alimentation variée et plutôt riche, vous devez respecter un temps de repos pour vos viscères de cinq à six heures entre deux repas selon les aliments que vous avez mangés.

Dans la pratique, surtout restez souple ! Si votre corps ne réclame pas de nourriture, ne mangez pas ou très peu, soyez à son écoute.

Personnellement, si je mange au restaurant le soir un repas plutôt festif (cuisine riche, dessert, alcool, etc.), il y a peu de chances que j'éprouve une quelconque sensation de faim le lendemain matin.

Je me respecte dans ce cas et ne mange pas en général avant 13 h.

Bien manger signifie donc que vous devez être capable d'évaluer en quantité et dans le temps vos besoins énergétiques selon vos dépenses et ainsi d'adapter la quantité de nourriture que vous allez prendre.

Vous devriez, avant de décider de manger, associer à la sensation de faim des signes de baisse d'énergie (fatigue, difficultés de concentration, etc.).

La sensation du besoin de nourriture dans notre société de consommation est très distordue par des stimulations sensorielles permanentes : publicités de produits ou de chaînes de restaurants, vidéos en ligne, concours culinaires à la télévision ou encore odeurs de boulangerie volontairement diffusées dans les rues piétonnes.

Nous devons rééduquer notre corps à distinguer les envies des besoins énergétiques réels afin d'y répondre d'une manière juste, sans excès ni privation.

Entraînez-vous lorsque vous avez envie d'un aliment en dehors de vos heures de repas habituelles, posez-vous, attendez et restez avec cette sensation pendant au moins deux minutes. Si votre corps n'a pas besoin d'énergie, la sensation de « faim » va disparaître rapidement.

Nos professionnels occidentaux de la nutrition semblent décidément pleins de paradoxes surprenants.

Comme nous tous, ils constatent dans nos pays dits riches, une surproduction (dont nous connaissons le gaspillage scandaleux) et une surconsommation de denrées alimentaires, avec pour conséquences sur leurs habitants, surpoids, obésité, diabète, augmentant toujours plus chaque année et touchant des individus de plus en plus jeunes !

Désespérant de ce triste constat, médecins et diététiciens prescrivent d'un côté des régimes hypocaloriques inutiles toujours plus restrictifs et diabolisent certaines catégories d'aliments comme le sucre, le sel, le gras, etc.

Mais d'un autre côté, vous obligent à faire impérativement trois repas par jour, sans faute, et vous poussent à manger tous les aliments (manger varié et équilibré selon l'expression consacrée en France) dans une journée, si ce n'est dans le même repas, sous peine de graves carences de nutriments.

Tout le monde y perd son latin !

Cela ne m'étonne guère que de nombreuses personnes autour de moi me disent qu'ils sont perdus et qu'il ne comprennent rien à l'alimentation.

Comment ne pas tomber dans des travers anxiogènes avec de tels discours antagonistes ?

Comment s'y prendre pour concilier bonne santé et plaisirs du palais ?

Eh bien il existe un secret qu'aucun diététicien occidental ne connaît et qui, pourtant, est l'une, sinon la seule clé pour manger sain, sans se restreindre !

Et je le partage avec vous dans le chapitre suivant avec le plus grand plaisir.

Le feu sacré

Dans le deuxième chapitre de ce livre, nous avons vu que l'Être humain est omnivore et que manger équilibré quotidiennement, c'est-à-dire respecter un ratio défini et fixe de nutriments n'est en aucun cas une obligation pour rester en bonne santé. Et de nombreux peuples non-occidentaux à travers le monde nous confirment chaque jour cet état de fait.

À son tour, le journaliste américain Dan Buettner, dans son livre «The Blue zones», enfonce le clou !

Il a enquêté sur ces régions du monde, appelées désormais zones bleues qui comptent le plus de centenaires en bonne santé, dans l'espoir de percer le secret de leur longévité.

Au moins quatre régions sont considérées comme zones bleues : une zone montagneuse de Sardaigne, l'île grecque d'Ikaria, la fameuse île japonaise d'Okinawa ainsi que la péninsule de Nicoya, au Costa Rica.

La diététique occidentale, toujours exclusivement focalisée sur la matière, s'est mise en quête de découvrir quel aliment secret se cachait derrière la bonne santé des habitants de zones bleues.

Ainsi vous n'avez assurément pas manqué les modes successives issues de ces recherches : la remise au goût du jour de la diététique grecque dit régime crétois, le succès planétaire du régime d'Okinawa et bien d'autres formules encore.

Pourtant, tous les centenaires de ces régions du monde consomment-ils les mêmes aliments ?

Non, pas du tout ! Les habitudes alimentaires sont radicalement différentes pour les habitants d'Okinawa, pour ceux d'Ikaria, ou encore ceux de la Sardaigne.

Est-ce que ces personnes font une activité physique hebdomadaire intense (course à pied, vélo, natation) comme préconisée par les médecins européens ?

Pas le moins du monde a priori !

Dan Guettner explique que leur longévité, sans maladie chronique, est plutôt « *le produit d'un environnement adéquat, qui les incite à bouger toutes les vingt minutes environ, à adopter un régime alimentaire essentiellement à base d'aliments complets et de plantes, et à socialiser davantage* ».

En fait les habitants de ces zones ne mangent pas du tout varié !

Ils ont une alimentation simple, quasi exclusivement locale qui suit le rythme des saisons du fait de leur isolement géographique, de la difficulté et du coût d'approvisionnement des marchandises produites hors de la zone.

Afin de comprendre pourquoi manger varié a peu d'intérêt, voire même peut s'avérer contre-productif pour votre santé, j'ai besoin de vous expliquer le concept de feu digestif.

Mais avant cela, j'aimerais apporter quelques précisions sur l'origine de l'alimentation variée.

Manger varié au sens de la diététique occidentale, implique de choisir des groupes d'aliments selon leur intérêt nutritionnel.

Ou, dit autrement, nous sélectionnons les aliments qui contiennent la plus grande quantité des éléments nutritifs que nous considérons comme bons, et, si possible, pas ou très peu d'éléments que nous tenons pour mauvais.

Les diététiciens recommandent par exemple la consommation de viandes blanches, car elles sont riches en protéines et pauvres en « mauvaise graisse ».

Ainsi, avec cette stratégie, nous mettons à la disposition du corps les meilleurs nutriments séparément, en quantité abondante. Et surtout directement prêts à l'emploi, avec un minimum de travail pour le système digestif.

Assimiler onze grammes de protéines dans cent grammes d'amandes nécessite beaucoup plus d'activité de transformation et de digestion que dans de la viande de poulet, qui en compte trente-et-un grammes pour 100 grammes et qui est, de surcroît, structurellement beaucoup plus proche des protéines humaines que les protéines végétales.

En fait, ce que j'essaie de vous expliquer, c'est que plus vous absorbez des aliments vivants (sous-entendu frais et peu transformés) et proches de votre règne (minéral, végétal, animal) alors moins votre système digestif aura d'opérations de transformations à faire et plus leur assimilation sera aisée.

Vous allez ainsi épargner beaucoup d'énergie pour la digestion de vos repas.

C'est cette énergie de métabolisation que les médecines anciennes nommaient feu digestif.

Énergie de la rate *Pi Qi* pour la médecine traditionnelle chinoise, ou encore *Agni* (qui signifie littéralement dieu du feu) pour la médecine traditionnelle indienne.

Donc, une alimentation variée et riche en chaque nutriment va économiser grandement ce feu digestif, mais, revers de la médaille pour une personne en bonne santé, ce type d'alimentation risque de l'amoindrir, car de moins en moins sollicité.

Notre feu digestif, comme toutes les autres fonctions organiques, doit être sollicité régulièrement au risque de s'amenuiser avec le temps, au même titre que nos muscles ou notre mémoire.

En adoptant par la force des choses une alimentation majoritairement simple et non variée, les centenaires des zones bleues entretiennent leur feu digestif et conservent ainsi une énergie et une santé optimale.

Là encore, plutôt que de réduire drastiquement les quantités que vous mangez comme dans les régimes hypocaloriques, le médecin traditionnel chinois vous invite à une tout autre stratégie !

Conservez des portions alimentaires en quantité suffisante pour vous, afin d'éviter les fringales et les « coups de pompe ».

Mais réduisez la diversité des aliments par repas et conservez par exemple simplement deux familles :

* protéines animales + légumes,
* céréale + légumes ou encore
* céréales + légumineuses.

Afin de solliciter un peu plus votre feu digestif, vous pouvez inclure dans votre programme une journée dite de mono-diète. Vous ne mangerez dans ce cas qu'un seul et même aliment pour les vingt-quatre heures, une céréale par exemple (riz, sarrasin, millet, etc.).

Vous pouvez effectuer, pour commencer, une journée tous les vingt-et-un jours puis réduire progressivement à une journée tous les quinze jours, enfin tous les sept jours, selon vos besoins.

Si cette technique de la mono-diète vous permet de mieux digérer, de vous sentir bien dans votre corps sans pertes d'énergie ni fatigue, vous pouvez augmenter sa durée de un à trois jours maximum.

Stimuler et renforcer votre feu digestif va vous permettre de réduire la fatigue post-prandiale et ainsi libérer de l'énergie pour les autres fonctions organiques du corps comme de l'esprit.

Mais ce n'est pas tout, au fur et à mesure que votre feu digestif devient plus puissant, celui-ci « brûle », et métabolise tous les aliments plus efficacement et complètement.

C'est précisément cet effet que recherche le praticien de médecine traditionnelle chinoise lorsqu'il aide des patients en situation de surpoids ou de troubles digestifs.

Car ce sont les aliments non ou partiellement métabolisés par un feu digestif faible qui créent le lit de déséquilibres multiples tels qu'épuisement, frilosité, dysbioses intestinales, encrassement et prise de poids.

Comme pour toutes les recommandations que je vous ai proposées et précédemment, testez pour vous la méthode.

Prenez votre temps, avancez pas à pas et vérifiez l'efficacité sur vous de chaque proposition.

Conclusion

Merci infiniment de m'avoir lu avec attention jusqu'ici.

J'espère que les sujets abordés dans ce livre vous ont offert un regard différent sur votre alimentation.

J'espère surtout avoir permis au plus grand nombre d'entre-vous de prendre du recul et de s'autoriser un maximum de souplesse avec les injonctions de la diététique occidentale.

Souplesse qui me paraît d'autant plus salutaire pour notre corps et pour notre mental, que ce dernier est aujourd'hui noyé sous une masse d'informations aussi techniques qu'anxiogènes.

Souvenez-vous simplement de ces quelques points clés qui vous assureront une perte de poids et une alimentation saine, bien plus que toute autre théorie scientifique complexe :

* L'homme est omnivore, suivez plutôt le rythme des saisons pour composer vos menus au lieu d'essayer de manger de toutes les catégories d'aliments tout le temps.
* Variez les saveurs, ne vous contentez pas de réduire le sucre et le sel, augmentez les saveurs acides, amères, piquantes et partez à la découverte des épices locales comme étrangères.
* Oubliez les régimes drastiques et les diététiques hypocaloriques, réduisez plutôt les aliments riches de nature froide et humide ou chaude et humide.
* Buvez de l'eau selon vos besoins réels, et non pas ceux calculés par les vendeurs d'eau minérale en bouteille.
* Évitez au maximum les produits laitiers frais, préférez les produits artisanaux aux produits industriels.
* Ne buvez pas d'alcool tous les jours, réservez sa consommation pour les évènements sociaux occasionnels.
* Mangez le plus régulièrement possible, mais surtout à un rythme adapté à vos besoins énergétiques personnels ainsi qu'à la saison.

Dans ce livre, je vous ai exposé ma vision des principaux concepts diététiques modernes (comme les kilocalories), ainsi que de certains aliments, tous mis en avant par les autorités de santé des pays occidentaux en général. Et ce en regard des sagesses traditionnelles.

Soyez sûr que je ne suis, encore une fois, contre personne !

Je ne remets pas en cause le fait que les aliments dont nous venons de parler, et tous ceux que je n'ai pas détaillés ici (viandes, céréales, etc.), possèdent des qualités nutritionnelles intrinsèques. C'est indéniable et ce n'est pas cela que je discute.

D'ailleurs, de vous à moi, cela n'a pas grand intérêt en soi de disserter sur la structure et la composition moléculaire d'un aliment pour définir s'il est bénéfique ou non pour l'alimentation humaine quotidienne.

Cette recherche compulsive de l'optimum de matière aurait peut-être un sens pour un animal « monovore » au système digestif peu adaptable.

C'est d'ailleurs tout le problème de l'extinction de nombreuses espèces animales, comme certains grands félins par exemple, qui perdent avec leur habitat leur source de nourriture et n'ont absolument pas les capacités physiologiques d'en changer pour une autre alimentation et ainsi d'assurer leur survie.

Mais pour le bipède omnivore type Homo-Sapiens, cela n'a pas beaucoup de sens.

Pourquoi se torturer l'esprit à savoir si tel aliment contient tels glucides, tels acides gras mono ou polyinsaturés, etc., et dans quelles proportions précisément ?

Votre organisme s'en moque, puisqu'il est équipé d'un système polyvalent qui lui permet de tirer parti de n'importe quelle famille d'aliments pour subvenir à ses besoins, comme nous l'avons exposé au chapitre deux de ce livre !

Comprenez que ce ne sont pas les connaissances à propos des aliments en eux même que je remets en question.

* Ce que je remets en question, ce sont les conseils et les prescriptions des plans diététiques nationaux des autorités de santé.
* Ce sont les principes systématiques de la posologie, des quantités et des fréquences.
* Ce sont les discours pseudo-scientifiques qui avancent qu'un aliment, sous prétexte qu'il contient tel ou tel nutriment ou telle molécule en quantité importante, est bon pour la santé pour tout le monde !

Cela, c'est un mensonge !

Et tenter de vous le faire croire, à grand renfort d'études présentées par des personnes en blouses blanches et validées par des institutions au nom prestigieux, c'est, de mon point de vue, de la manipulation !

NON, aucun aliment même riche en nutriments essentiels, même bio, n'est bon tout le temps pour tout le monde !

J'aimerais, cher lecteur, vous proposer un menu type et vous dire, « *ne vous cassez pas la tête, si tout le monde suit précisément ce régime nous resterons tous minces et en bonne santé jusqu'à la fin de nos jours* ».

Je vous assure qu'en tant que thérapeute, rien ne me rendrait plus heureux si je connaissais une plante que je pourrai prescrire systématiquement à mes patients et qui éviterait à tout le monde les cancers ou toutes autres maladies graves !

Malheureusement, tout cela n'existe pas ! Chaque être humain est unique et sa façon de trouver et de maintenir son équilibre physiologique et psychologique l'est tout autant.

Cela fait plus de douze ans que je reçois des patients au cabinet et je n'ai jamais fait exactement la même prescription une seule fois pour des problèmes digestifs ou de surpoids. Ou de quoi que ce soit d'autre d'ailleurs.

C'est le principe de toute médecine : un patient, un examen, un diagnostic, un principe de traitement et un traitement individualisé.

Et ce, que vous pratiquiez la médecine occidentale, la médecine traditionnelle chinoise, la médecine tibétaine, la médecine ayurvédique, car, ce principe relève de l'art médical en lui-même !

Donc, quand on vous dit qu'il faut manger, par exemple, trois produits laitiers par jour pour le calcium et la santé de vos os, c'est une recommandation de santé publique générale qui n'est fondée ni sur vos besoins personnels, ni sur vos antécédents médicaux, ni sur votre terrain.

Ce n'est certainement pas une recommandation médicale, car vous, en tant que personne, vous êtes peut-être déjà en surpoids, vous avez peut-être un terrain de nature froide et humide, ou des rhumatismes, et peut-être même êtes-vous intolérant au lactose !

Dans tous ces cas, cette recommandation n'est vraiment pas bonne pour votre santé et vous devriez vraiment vous abstenir de la suivre, croyez-moi !

Si vous ne me croyez pas sur parole, faites le test !

Ces recommandations de santé publique sont bien plus basées sur des impératifs économiques, que l'on travestit par des théories biologiques de laboratoire pour que vous ayez l'impression qu'elles sont sérieuses et valides pour votre santé.

L'exemple récent le plus marquant que je puisse partager avec vous est celui de l'épidémie du Covid-19 en 2020.

Au début de cette crise sanitaire, les autorités de santé ainsi que le gouvernement français, par le biais de son ministère de la santé, ont donné les recommandations suivantes : « *Si vous présentez tel ou tel symptôme typique de la maladie, alors attendez, restez chez vous, prenez du Doliprane et seulement si les symptômes s'aggravent, allez chez votre médecin ou rendez-vous aux urgences de l'hôpital* ».

Nous avons tous bien compris que cette recommandation de santé publique visait à éviter une saturation des moyens hospitaliers, en tentant, pour reprendre les propos de M. le ministre « de lisser les pics d'admission dans les services d'urgence ».

Pour autant que cette recommandation ait tout à fait du sens en termes logistiques, il n'en reste pas moins que médicalement, c'est certainement la pire conduite à tenir en cas de pathologie !

Toutes les médecines, quelle que soient leur origine, s'accordent sur le fait indiscutable qu'en termes de santé, plus une pathologie est prise en charge tôt, meilleures sont les chances de guérison rapide et avec un minimum de complications.

Et je doute que vous trouviez aujourd'hui un seul médecin sensé et honnête pour contredire cette assertion.

Mon vœu le plus cher est que vous puissiez bien faire le distinguo entre des recommandations de santé publique qui répondent à des besoins logistiques, politiques ou économiques, et des recommandations médicales basées sur des observations cliniques qui servent votre santé.

Pour votre santé, celle de vos enfants et de votre famille, vous devez sortir de l'illusion que puisqu'il est prouvé par des études scientifiques très sérieuses que tel aliment contient tel nutriment, alors celui-ci est forcément bon pour vous.

Si vous souhaitez manger sainement, vous ne ferez pas l'économie de votre propre expérimentation.

Et cette dernière passe bien sûr par une connaissance intime de votre propre corps et de votre système digestif.

« Connais-toi toi-même » était l'un des préceptes gravés sur le fronton du temple de Delphes, et souvent repris dans les écrits de Platon ou Socrate.

À l'Ère de l'information, et de la surmédiatisation médicale que nous vivons aujourd'hui, jamais cet adage n'aura été selon moi, si prégnant !

J'espère de tout cœur que ce livre vous motivera et vous guidera dans cette voie.

Prenez bien soin de vous.

Laurent.

Annexes

1 - Les légumes de saison

Voici un aperçu des fruits, légumes, céréales et légumineuses qui arrivent à maturité en France pour chacune des 4 saisons :

Printemps

* Fruits : fraises, cerises en fin de saison, rhubarbe.
* Légumes : asperges, radis, épinards, laitue, oignons nouveaux.
* Céréales : orge, avoine (début de la récolte).
* Légumineuses : petits pois, fèves.

Été

* Fruits : abricots, pêches, nectarines, melons, framboises, myrtilles, prunes.
* Légumes : tomates, courgettes, poivrons, aubergines, concombres, haricots verts.
* Céréales : blé, maïs (fin de l'été).
* Légumineuses : lentilles (fin de l'été).

Automne

* Fruits : pommes, poires, raisins, figues, noix.
* Légumes : citrouilles, courges, carottes, betteraves, choux.
* Céréales : riz (dans certaines régions), sorgho.
* Légumineuses : haricots secs, pois chiches.

Hiver

* Fruits : agrumes (oranges, clémentines), kiwis, pommes (stockées).
* Légumes : choux, poireaux, navets, salsifis, topinambours.
* Céréales : seigle, blé d'hiver (semé en automne, pousse en hiver).
* Légumineuses : lentilles, pois cassés.

Ces listes sont indicatives et peuvent varier selon les conditions climatiques et les variétés cultivées.

Certaines cultures sous serre ou certaines méthodes de conservation spécifiques peuvent également offrir ces aliments en dehors de leur période respective.

L'idée n'est pas ici de dresser des listes d'interdiction, mais bien de vous guider pour privilégier tel ou tel aliment selon la saison d'achat.

Ceci vous permettra d'augmenter vos chances d'obtenir des aliments offrant le plus de « Jing », de vitalité, possible si comme moi, vous ne produisez pas vos fruits et légumes vous-même.

2 - Les aliments selon leur nature

Voici une liste d'aliments classés selon leur Nature : Froids, Frais, Neutres, Tièdes et Chaud.

Pour mémoire la nature d'un aliment représente son effet sur le métabolisme humain après digestion de celui-ci.

Aliments Froids

Algues, poissons de pleine mer, asperge, banane, Crabe, germe de soja, mangue, pastèque, pousse de bambou, racine de lotus, romaine, sauce soja, sel.

Aliments Frais

Aubergine, blé, céleri, champignons, Concombre, Courge, épinard, grenouille, huître, huile de sésame, laitue, mandarine, millet, orge, poire, pomme, radis, sarrasin, soja vert, thé, tofu, lait de vache.

Aliments Neutres

Amande, arachide, betterave, boudin, caille, carotte, carpe, seiche, champignon noir chinois, choux, figue, foie de bœuf, framboise, graine de tournesol, hareng, huile d'arachide, maïs, maquereau, miel, navet, noix de coco, œuf de caille, œuf de poule, oie, papaye, petit pois, pomme de terre, poulet chinois, prune, raisin, riz, sésame noir, soja jaune, sucre, viande de bœuf, viande de porc.

Aliments Tièdes

Ail, anchois, anguille, basilic, beurre, câpre, cerise, châtaigne, ciboule, ciboulette, citrouille, coriandre (plante), crevette, foie de poulet, fraise, gingembre frais, huile de noix, huile de soja, laurier, litchi, maltose (légèrement), moule, noix, oignon, pêche, pignon de pin, poireau, potiron, poulet, sorgho, tripe (légèrement) viande de mouton, vinaigre.

Aliments Chaud

Alcool, cannelle, gingembre sec, piment de Cayenne, moutarde, poivre noir.

La liste des aliments ci-dessus est donnée à titre indicatif et n'est pas exhaustive.

L'effet de chaque aliment sur notre corps (Yang réchauffant ou Yin refroidissant) provient de la nature de l'aliment en lui-même ou des processus métaboliques qu'il active, exemple : la banane est de nature froide par sa propre constitution et la pastèque est de nature froide, car elle apporte beaucoup d'eau (donc beaucoup de Yin) au corps.

La nature d'un aliment peut varier significativement selon :

* son origine et son lieu de culture.
* son mode de préparation, par exemple plus un aliment va être asséché, moins il va être rafraîchissant (cf. gingembre frais ou sec) et inversement.

* et son mode de consommation, consommer un aliment de nature froide avec un aliment de nature Chaude va avoir tendance à équilibrer vers le neutre la résultante de l'assiette.

Enfin, si vous ne connaissez pas la nature d'un aliment, par la simple observation et connaissance du produit, vous pourrez certainement la découvrir.

La nature est bien faite et consommer un aliment va vous permettre d'acquérir certaines de ses propriétés : bio-chimique bien sûr, vous le savez (vitamines, minéraux, oligo-éléments, etc.), mais également climatiques.

La banane et la mangue sont des fruits refroidissant, car ils arrivent à maturité à la saison chaude ou sous un climat chaud par rapport à celui où vous résidez habituellement.

La châtaigne et le potiron sont des légumes réchauffant, car ils arrivent à maturité à l'automne à la saison plus froide en France.

3 - Les aliments de la minceur

Voici quelques aliments et compléments que je prescris au cabinet dans le cas d'un régime minceur.

Encore une fois, nous ne sommes pas dans le cadre d'une consultation individuelle, je ne connais ni votre situation actuelle ni votre terrain, je ne peux donc vous garantir leur effet sur vous.

En revanche leur propriété intrinsèque a été validée depuis des centaines, peut-être des milliers d'années, par la médecine traditionnelle chinoise.

Je vous recommande donc vivement de tester leur efficacité sur vous.

Le Riz grillé

Afin d'aider votre corps à éliminer l'humidité, vous pouvez préparer votre riz ou autre céréale (sarrasin, millet, etc.) avant la cuisson. Faites griller votre riz à sec, sans aucun corps gras dans une poêle jusqu'à ce que les grains soient légèrement brun (ne les brûlez pas !) puis cuisez votre riz comme vous avez l'habitude de le faire.

Les Larmes de Job

Parfois appelées « orge chinoise », par sa ressemblance à l'orge perlé, les Larmes de Job (Lat. Semen Coisis) sont une graminée très ancienne originaire d'Asie du sud-est. Très utilisées en médecine chinoise elles permettent de renforcer le système digestif, de chasser l'humidité en favorisant la diurèse, traite l'œdème, les selles liquides et les cystites. Vous les trouverez dans les épiceries asiatiques de votre ville ou chez un herboriste spécialisé en médecine chinoise. Vous pouvez comme tout autres céréales les consommer bouillies ou en gruau. Comme pour le riz, vous pouvez les faire préalablement griller à sec avant cuisson afin de renforcer le système digestif. Afin d'obtenir une action thérapeutique puissante, il vous faut en consommer de 50 à 100 grammes cuites par jour. Attention, la consommation de Larmes de Job est déconseillée en cas de constipation chronique.

Les Épices Yang

L'objectif des épices dans le cadre d'un régime est d'activer l'ensemble des processus métaboliques, digestion, circulation, élimination, etc.

* **Le gingembre** favorise la perte de poids et la digestion, de saveur piquant et de nature chaud, il tiédit le système digestif, traite les douleurs épigastriques et les nausées. Utilisez le gingembre frais dans vos plats comme vous le faites pour l'ail. Vous pouvez l'utiliser également séché en poudre dans vos préparations salées ou sucrées. Vous pouvez avec efficacité l'utiliser en infusion comme suit : dissoudre entre 2 et 5 grammes de gingembre sec en poudre dans une tasse d'eau bouillante, consommer en une fois chaud ou plus tiède, faire une prise par jour.
* Si vous avez du mal avec le gingembre, goût piquant, vous pouvez le remplacer avantageusement par **la Cardamome** (Lat. *Fructus Amomi*), issu de la même famille végétale et possédant à peu près les mêmes indications thérapeutiques. Vous pouvez consommer les graines de cardamome comme condiment entières (préalablement écrasées) ou en poudre 1 à 2 grammes par jour. Vous pouvez

également effectuer une décoction courte 5 minutes avec la poudre, 3 à 5 grammes par jour maximum dans de l'eau ou un lait végétal.

Il existe de nombreuses autres épices de nature Yang, réchauffant et circulant, extrêmement bénéfiques pour le système digestif, poivre, carvi, origan, girofle, cannelle, etc. et autres mélanges traditionnels comme le curry.

Laissez-vous guider par votre instinct et votre goût. Testez l'effet de ces plantes sur votre digestion, toujours en augmentant progressivement les doses.

Le Thé Pu Er ou Pu Erh

Le thé fait partie des boissons les plus consommées dans le monde. Originaire de Chine, il s'est propagé dans le monde entre autres grâce aux personnes venant étudier le bouddhisme. Cette religion invite le pratiquant à découvrir sa nature profonde grâce à de nombreuses techniques, dont la méditation. Consommé régulièrement par les étudiants, le thé est une boisson qui permet de pratiquer la méditation de longue heure tout en limitant les risques d'endormissement ! Noir, vert, blanc, semi-fermenté, fermentés, fumés, parfumés, il existe plusieurs centaines de formes de thé et peut-être des milliers si l'on en distingue l'origine géographique. Mais tous proviennent à l'origine de la même plante Camelia Sinensis. Le thé est de saveur plus ou moins amer et de nature frais. Il est globalement tonifiant physique et psychique, hydratant, et diurétique. Le praticien de Médecine Traditionnelle Chinoise prescrit volontiers pour l'amincissement les thés semi-fermentés aux arômes puissants, qui sont reconnus spécifiquement pour drainer l'humidité et lutter contre l'indigestion des graisses. Vous pouvez consommer dans le cadre d'un régime du thé Pu Er Huang (Pu Erh) en infusion quotidienne après les repas et tout au long de la journée. Vous adapterez le temps d'infusion plus ou moins long selon votre goût et selon l'effet diurétique souhaité.

Le Polypore en Ombelle

De son nom scientifique Polyporus Umbellatus, le polypore en ombelle est un champignon de premier choix dans le cadre des régimes. Pour la Médecine Traditionnelle Chinoise, il disperse le « Tan » (graisses et mucosités) du corps et a une forte action drainante. Je le recommande volontiers, car contrairement aux autres plantes drainantes, celui-ci a une action protectrice et tonifiante sur les reins en respectant l'équilibre sodium/potassium. Vous trouvez le polypore sous forme de compléments alimentaires, gélules ou comprimés. Veillez à bien consommer la variété Umbellatus, il existe des centaines de Polypores. Attention comme tous les champignons, il est sensible à la pollution des sols. Choisissez impérativement des produits de grande qualité, contrôlés et suffisamment concentrés pour un effet thérapeutique significatif.

Les formules de plantes de la Médecine Traditionnelle Chinoise

Il existe de nombreuses formules de pharmacopée traditionnelle chinoise pour accompagner les diététiques selon votre terrain et vos symptômes.

Ce sont des mélanges de plantes, compléments alimentaires qui ne substituent pas à l'alimentation, mais aident au bon fonctionnement et à l'équilibre du système digestif. La formule « Bao He Wan » en est un exemple typique, elle permet :

* d'harmoniser la digestion.
* d'harmoniser l'estomac.
* d'éliminer les stagnations de nourriture due aux excès alimentaires.

Demander conseil à votre praticien de Médecine Traditionnelle Chinoise, un herboriste qualifié ou contactez l'auteur pour ces formules.

La pharmacopée traditionnelle chinoise est une science complexe, ne faites pas d'auto-prescription pour ces produits.

4 - Les fournisseurs

Voici quelques fournisseurs de diététique traditionnelle chinoise reconnus par les praticiens francophones, vous trouverez chez d'eux des produits de qualité, conseils et services. Cette liste n'est bien sûr pas exhaustive, il existe d'autres fournisseurs tout aussi sérieux que ceux cités ici !

Planeta Verd

* Fournisseur de plantes et matériel d'acupuncture, massage, moxibustion et ventouses.
* Vous trouverez un solide rayon diététique et de nombreux ouvrages sur le sujet.
* https://www.planetaverd.net/dietetique
* Service client du lundi au vendredi (8 h - 16 h 30) : +33 (0)1 78 90 14 20

La Calebasse Verte

* Le laboratoire Français de la pharmacopée chinoise à Paris (rue de la Vistule, 13e arr.) depuis 1997. Un grand choix de plantes, mélanges et compléments alimentaires.
* https://calebasse.com
* Service client du lundi au samedi (9 h - 18 h) : +33 (0)1 45 85 88 00

Hifas Da Terra

* Un expert incontournable des champignons médicinaux. Vous y trouverez des produits rigoureusement contrôlés, de grande concentration, une excellente qualité de Polypore ainsi que plusieurs formules destinées à l'équilibre digestif et la flore intestinale.
* https://hifasdaterra.fr
* Service client : +33 (0)1 84 60 56 61

Bibliographie

Ouvrages généraux de Médecine traditionnelle chinoise

* A. Duron, *Su Wen*, tomes 1, 2 et 3, Trédaniel, 1991-1998.
* G. Maciocia, *Le Diagnostic en médecine chinoise*, Satas, 2006.
* G. Maciocia, *La Pratique médecine chinoise*, Satas, 1997.
* E. Marié, *Précis de médecine chinoise*, Dangles, 2008.
* E. Rochat de la Vallée, *Les 101 notions-clés de la médecine chinoise*, Trédaniel, 2009.
* S. Simiao, *Prescriptions d'acupuncture valant mille onces d'or, traité d'acupuncture de Sun Simiao du VIIe siècle*, trad. C. Despeux, Trédaniel, 1987.

Ouvrages sur la Diététique

* P-H Meunier, *La Santé vient en mangeant*, PHM, 2002.
* J-M Eyssalet et E Malnic, *La médecine Chinoise Santé Forme et Diététique*, O. Jacob, 2010.
* P. Sionneau et J. Chapellet, Ces aliments qui nous soignent, Trédaniel, 2005.

* J. Lukas et N. Fargeas, *Quand la diététique chinoise rencontre la cuisine Française*, Rouergue, 2016.
* C. Aubert et J-J. Garreau, *Des aliments aux mille vertus*, Terre vivante, 2011.
* J-C Secondé, L*es Champignons de Santé et de Longévité*, Grancher, 2014.

À propos de l'auteur

Je m'appelle Laurent Chenot, thérapeute formateur et auteur, j'accompagne chaque jour des femmes et des hommes comme vous, dans les domaines de la Santé du Corps et de l'Esprit.

Enfant, j'étais un grand rêveur.

J'étais toujours dans la lune, au sens figuré comme au sens propre du terme, plus tard je voulais être cosmonaute.

D'aussi loin que je m'en souvienne, j'ai toujours rêvé d'un monde plus grand sans contrainte, sans limites ni d'espace ni de temps !

En situation d'« échec scolaire » au collège et natif d'une région française très industrialisée, j'ai suivi un long cursus technique et scientifique.

C'est vers l'âge de 23 ans, que je pénètre dans l'univers de la médecine traditionnelle chinoise et des arts internes Taoïstes, pour régler des problèmes de santé, un ulcère à l'estomac entre autres, mais également pour apprendre à gérer mon stress et mes émotions.

À l'issue de mon service militaire, me voici donc engagé pour une longue et prometteuse carrière dans l'industrie automobile locale, tout comme mes anciens.

Mais les années passent, et le manque de sens, de valeurs humaines viennent à bout de l'intérêt pour mon travail.

En 2009 c'est la rupture totale !

Je divorce de mon épouse, de l'industrie, du salariat, ainsi que d'un bon nombre de mes croyances sur le sens de mon existence.

Je décide de changer de vie afin d'ouvrir mon cabinet de praticien de médecine traditionnelle chinoise, après avoir suivi l'enseignement du prof Leung Kok Yuen auprès de Patrick Shan ainsi que d'autres enseignants.

Je reçois des personnes de tous âges en consultation depuis 2011, je crée et anime des formations en France et en Suisse.

Mon premier livre est publié aux éditions Jouvence Santé « Se soigner par les ventouses » fin 2019.

Il sera suivi d'un second au mois de janvier 2024, « Les 7 péchés de la diététique moderne » paru aux éditions Lanore.

Avec l'arrivée du Covid en 2020, les restrictions sanitaires stoppent net l'ensemble de mes activités.

En une année, et à seulement quelques mois d'intervalle, je perds soudainement mon activité professionnelle, mon père d'un cancer, ainsi que la femme que j'aime d'une hémorragie cérébrale.

Je tente de suivre les préceptes Taoïstes que j'ai appris, je ne m'oppose pas.

Je choisis de me laisser sombrer et vivre Ces épreuves sans « camisole chimique »... l'impermanence du bouddhisme Tibétain n'est pas qu'un simple concept philosophique... et j'en prends brutalement toute la mesure !

Les blessures sont profondes et les cicatrices parfois encore sensibles aujourd'hui.

Les transes méditatives, le micro-dosing, les plantes et les compétences développées toutes ces années m'ont permis de renaître, je crois plus juste et plus présent.

Des orages dans le ciel, des enseignements anciens et des secrets de la vie, je connais encore peu de choses.

Mais, si j'étais convaincu de l'importance de savoir bien vivre, je sais aujourd'hui que savoir mourir l'est certainement tout autant.

Beaucoup de personnes bienveillantes m'ont tendu la main durant ces années, j'espère sincèrement pouvoir vous aider à mon tour grâce à cet ouvrage.

Laurent.

Table des matières

Achevé d'imprimer en décembre 2023
sur les presses de la Source d'Or
58500 Clamecy
Dépôt légal : décembre 2023
N° d'impression : 312093

Imprimé en France